小さな会社こそ、
乗り遅れるな！

インバウンド対応の
悩みをゼロにする

グローバル人材育成の教科書

沢野 純一

つた書房

はじめに

あなたが今、この本を手に取っているということは、おそらく、こう思っているはずです。

「インバウンドが盛り上がってるのはわかる。でも、どうすればいいの？」

あるいはこうかもしれません。

「英語も得意じゃない。外国人対応？　対応できる人材がいないよ……」

だとしたら、この本は、あなたの人生に「予想外の風穴」を開ける一冊になるでしょう。なぜなら、私がこれからお伝えするのは、〝インバウンド対応の悩みをゼロにするグローバル人材育成〟という、新しい視点でのキャリアのつくり方だからです。

この国は、今や〝観光立国〟と言われています。インバウンド市場はこれまでにないほどの活況を呈し、訪日観光客数もその消費額も今後ますます増加が予想され、見方を変えれば日本列島はどんどんグローバル化していくと言っても過言ではありません。ところが、インバウンドビジネスの現場を見てみると、そこには課題が山積み。人手不足、オーバーツーリズム、コミュニケーションギャップ、文化摩擦……。

でも、私には〝確信〟があります。こういったピンチの中にこそチャンスがあるということ。

そしてそれを見つけられるのは、目の前のあなたなのです。

私自身、13年間の海外駐在を経験し、25年以上、海外のビジネスに携わってきました。今までに海外駐在や出張などで訪れた国は4大陸50カ国以上にのぼります。そんな私も海外へ赴任したばかりの頃は、環境や文化の違いにとまどい、グローバルな現場で力を発揮できずに大きな挫折感や嫌な思いも味わいました。

そのような中で、確信に至ったのです。

グローバルビジネスで重要なのは「語学力」じゃない。「海外留学経験」でもない。〝笑顔〟と〝コミュニケーション力〟、そして〝チャレンジする勇気〟。それだけで、人は「世界で通用するグローバル人材」に変われるのです。

私のビジネス用名刺には、歯を見せるほどニッコリした笑顔の顔写真を載せています。日本では、それをふざけていると考える人もいて、実際、使おうとして怒られたこともあります。

それでも、私はあえて笑顔の写真を載せます。笑顔は相手に好感を持ってもらうためだけではなく、グローバルビジネスの環境で信用を得るために不可欠なことを、長年の海外ビジネスの経験から知っているからです。

この本では、私が現場で叩き上げてきたノウハウを、インバウンドビジネスで生かすために3つの柱でお伝えします。

・世界で通用するグローバル人材がもつべき5つの強み
・訪日外国人が泣いて喜ぶ満足度120％の仕事術
・インバウンド対応できるグローバル人材の最大限の生かし方

この3つを身につければ、たとえ地方の小さな宿でも、駅前のドラッグストアでも、空港のインフォでも、世界中の観光客から「あなたに会えてよかった」と言われるようになり、しかも、ちゃんと稼げます。あなたの人生が、「日本だけで完結する人生」から「世界とつながるスケールの大きな人生」へと変化します。グローバル化する日本列島で、一緒にインバウンドビジネス成功の旅に出ませんか？

さあ、そろそろページをめくりましょう。あなたのストーリーは、ここから始まります。

グローバル仕事人Navigator　沢野純一

CHAPTER 01

楽観できない観光立国日本の将来

CHAPTER 02

日本人はなぜインバウンド対応が苦手なのか？

CHAPTER 03

訪日客が泣いて喜ぶ満足度120％の仕事術 ポリシー編

CHAPTER 04

訪日客が泣いて喜ぶ満足度120%の仕事術 マインドセット編

CHAPTER 05

訪日客が泣いて喜ぶ満足度120%の仕事術 実戦スキルセット編

CHAPTER 06

世界で通用するグローバル仕事人を活用・成長させるには

CHAPTER

01

楽観できない観光立国日本の将来

SECTION 01

インバウンドの光と影、影にこそビジネスチャンスがあります！

インバウンドと聞いて、どんなイメージを思い浮かべますか。浅草や京都、富士山といった日本の観光名所に訪れる大勢の外国人観光客でしょうか。それとも寿司や天ぷら、ラーメンなどの日本の食文化を楽しむ外国人たち、あるいは、百貨店やドラッグストアで大量に買い物をする姿かもしれません。

日本を訪れる外国人旅行者の数は、２０２４年、１年間で約３６８６万人となり、過去最高を記録しました。２０２３年、１年間に訪れた外国人観光客の数は約２５０７万人ですから、１０００万人以上も増加し、その勢いのすごさがわかります。

観光地を宿泊しながら巡り、日本ならではの自然や食、文化を楽しみ、品質が高いと評判の良い日本製品を買う。そこには莫大な消費が生まれます。

この経済効果が1回では終わらないところがインバウンドビジネスの特徴です。日本での旅行の満足度が高ければ、再び日本を訪れて同じように消費行動を行っていくでしょう。つまり3000万人が4000万人になり、ビジネス規模も拡大していくという循環した構造がインバウンドビジネスにはあるのです。

政府は2030年までに訪日外国人旅行者数6000万人、消費額15兆円を目標にしています。現在の勢いをもってすれば、この数字は決して夢ではありません。

日本にはまだまだ世界を魅了する「自然、文化、食」があります。東京、京都、大阪といった大都市圏のみならず、北海道や沖縄のリゾート地、信州や東北の温泉なども注目され、多くの外国人観光客が訪れています。その数は年々増える一方です。

今や、観光産業は製造業と並び日本経済を支える産業となることが大いに期待されているのです。

インバウンドビジネスは日本経済の成長をけん引する存在として期待され、脚光を浴びています。しかしながら光があるところには影があるように、インバウンドビジネスにも負の側面があります。

オーバーツーリズムという言葉を聞いたことがありませんか。想定以上の観光客が観光地に集まり、地域住民の生活や自然環境に負担がかかって、悪影響を及ぼす現象で、観光公害とも呼ばれたりします。

世界中の観光地で問題となっている現象で、スペインのバルセロナなどでは地元住民が観光への制限を求めてデモを行うなど社会問題にもなっています。

日本でもゴミ問題などによる環境の悪化や、あまりにも多く集まりすぎた観光客による混雑や騒音といった問題が、テレビや新聞、ネットニュースなどで多く報じられています。

また、観光客が利用する宿泊や飲食業などの現場では、対応するスタッフが足らず、疲弊している現状があります。

世界中から大勢の人々が訪れて、心から日本を楽しんでもらい、地元住民ともコミュニケーションがとれて、マナーやゴミ問題もすべてきちんと処理されている。そのような観光地であれば、オーバーツーリズムの問題は起きません。

理想的な観光地の姿だと思うのですが、なかなか実現はできていないのが現状です。

理由としては、観光客のためのインフラが整っていない、宿泊施設のキャパシティが足りないといったハード面と、インバウンド顧客に対応する人材の不足といったソフト面の２つの側面があると考えられます。

オーバーツーリズム問題を知れば知るほど、そこには課題が山積となっている現状があります。しかし、そこにこそ、ビジネスチャンスがあると私は考えます。インフラを整える必要があるならば、そこには建設業者などにとってのビジネスチャンスがあるでしょう。

本書ではソフト面に注目し、インバウンドビジネスの最前線で働いている人々にフォーカスします。

急増している外国人観光客に、現場は疲弊してしまっています。この課題をなんとか解決したいと私は考えます。なぜならば、課題があるところには、必ずビジネスチャンスがあるからです。

例えば、外国人観光客が急増した飲食店では、どういった工夫をすれば、現場の課題を解決できるでしょうか。メニューを工夫したり、支払方法を工夫してみたりする。業務を効率化しようと工夫するアイデアが新たなビジネスチャンスを生み出すのです。

オーバーツーリズムから生まれた課題が目の前にあるとき、ため息をつく前に、そこにはチャンスがあるのではないかと発想を転換しましょう。

交通インフラやルール作りといった課題は解決までに時間を要しますが、人材不足といった課題であれば、今すぐ取り組める解決策もあります。その課題解決をサポートできればという思いで本書を書いています。

先ほど述べましたように2030年の訪日客の目標は6000万人です。実に日本の人口の半分に匹敵する数の外国人観光客の来訪が予想されています。

まさに、世界中の人々と交流する、グローバルな世界の真っ只中で私たちは生活をすることになるのです。

今こそ、宿泊や飲食サービスだけでなく、あらゆる職場のスタッフが世界に通用するグローバル人材になることが求められている時代だと言えるでしょう。

世界の人々を相手に堂々とビジネスを行う実力が身に付けば、ビジネス効率は上がり、売上げもアップします。当然、賃金も上がり、働いている人、そして訪れる観光客の幸福度もアップするという、まさにｗｉｎ-ｗｉｎの状態です。その秘訣を紹介するのが本書なのです。

SECTION 02

他人ごとではない！ オーバーツーリズムによる機会損失は深刻な問題

オーバーツーリズム問題にこそビジネスチャンスがある。

なぜ？ と思われる人も多いでしょう。ここではもう少しこの問題を詳しくみていきたいと思います。

オーバーツーリズムにはハード面とソフト面の2つの側面があると述べました。ハード面としてよく知られている2つの事例を紹介しましょう。

多くの歴史的建造物や遺跡がある京都は、外国人観光客の多くが日本を訪れたら一度は行きたいと希望する人気観光地です。

その人気ゆえに観光スポット、特に東山エリアや嵐山エリアなどに観光客が集中して徒歩での移動が困難になるほど混雑したり、慢性的な交通渋滞が起きたりするなどのオーバーツーリズムが発生しています。

特に問題となっているのが市バスなどの交通機関です。

京都市営バスは、元々、地域住民の足として通勤・通学や日常の移動を前提として設計されています。

そのため、大量の観光客を効率よく輸送するシステムにはなっていません。市内の主要観光地を結ぶ市バス路線に観光客が集中すると、地域住民が乗車できないケースが多発するようになりました。

また大型スーツケースを持ち込む観光客も多く、スーツケースがバス内の通路を塞いでしまうため、バスの中での移動が困難になるケースも見られます。

高齢者や子ども連れの住民が気軽に利用できなくなるなど住民の生活への影響が大きく、深刻な問題となっています。

もう一つ、京都と並ぶ人気の観光地、富士山。世界遺産に登録され、その姿形の美しさから多くの外国人観光客を引き付ける日本を代表する観光スポットです。しかし、この美しい富士山でも、コロナ禍後の急増した観光客によりゴミの増加や登山道の混雑といったオーバーツーリズムが深刻な問題となっています。

京都の市バス問題や富士山の環境問題といった、ハード面でのオーバーツーリズムによる問題を解決するには、交通インフラを整えたり、訪れる観光客の人数制限を行ったりするなど、関連する自治体や民間業者が協力して取り組む必要があります。

実際、京都では、観光客が利用する「市バス一日乗車券」の利用可能エリアを縮小したり、2024年6月から主要観光ルートを結ぶ「観光特急バス」を土日休日に運行したりするなどの対策を講じました。また、富士山では、山梨県側にゲートを設け、一日の登山者数の上限を設けています。

このように、自治体自らがオーバーツーリズム解決のための対策に乗り出しています。

こういったハード面の課題に対して、ソフト面の問題があります。

観光業や飲食業、小売業、交通、宿泊施設といったインバウンドビジネス最前線での人材不足や、スタッフのインバウンド顧客への対応のスキル不足から生まれる問題です。

外国人観光客に対応できるスタッフが足りないため、観光地での案内所や飲食店などでは、サービス提供の遅れや、対面対応の不足によるサービスの低下などが起きています。

宿泊施設では清掃スタッフが足らず客室の準備が旅客到着までに整わない事例が発生しています。またフロントでもチェックイン・チェックアウトに時間がかかり、観光客が長時間待たされてしまう事例も数多く見られます。

小売業では、外国語での接客ができるスタッフがいないため、せっかく訪れた買い物客を逃してしまう事例があるでしょう。

これら全てはビジネスの観点から見ると、大きな機会損失となっているのです。


私の知り合いに観光ガイドを生業としている人がいます。観光地巡りに付き合い、その地域の文化や歴史を説明したり、観光スポットでの買い物や食事をサポートしたりする仕事です。

とにかく仕事の依頼はたくさん入ってくるけれど、対応しきれないと、彼は私にグチをこぼします。

ここでもせっかくのビジネスチャンスが失われているのです。

こういった機会損失は有名観光地だけの問題ではありません。今や、外国人観光客は、日本人から見ると「こんなところにまで？」と思ってしまうぐらい、小さな地方都市や都市部のありふれた繁華街にまで訪れています。

渋谷に「のんべい横丁」という昔ながらの小さな居酒屋が集まった飲み屋街があります。渋谷は外国人観光客に人気のエリアですが、昭和レトロ漂う、日本人相手の店が多い横丁にも大勢の外国人が訪れるようになりました。

私も好きでよく行くのですが、年配の店主が片言の英語で対応する姿をよく見かけます。その姿を見て「頑張っているな」と感心しつつも、例えば、おでん種についてもっと英語で説明できたらいいのにとか、それぞれのおいしさを伝えることができればと思うことがあります。

見ただけではわからないおでん種の味や調理の工夫を伝えることができれば、さまざまなおでんに挑戦する外国人がもっと増えるだろうし、それは店の利益にもつながります。

オーバーツーリズムのハード面の解決には組織的な動きや長期的なビジョンが必要ですが、インバウンド顧客に対応する人材の不足に起因している問題は、インバウンドビジネスの最前線にいる一人ひとりの力で解決できます。

インバウンドマーケットは今後ますます拡大していきます。そこで大きなビジネスチャンスをつかむには、グローバル対応ができる人材を増やすことが喫緊の課題と言えるでしょう。

SECTION 03

世界で通用するグローバル人材は急務！

グローバルな対応力のある人材が外国人観光客からも切実に求められていることは、客観的データからも裏付けられています。

２０２４年6月に国土交通省観光庁が「令和５年度『訪日外国人旅行者の受入環境整備に関するアンケート』調査結果」を発表しました。

訪日外国人旅行者の利用が多い成田国際空港、東京国際空港、関西国際空港、新千歳空港、福岡空港の５つの空港で、訪日外国人旅行者を対象に旅行中に困ったことなどについてのアンケートを２０２３年に実施しました。報告書ではその結果をまとめています。

この報告書によると、ゴミ箱が少ないといった設備の問題の次に「施設等のスタッフとのコミュニケーション（英語が通じない等）」が、旅行中に困ったこととして挙げられています。

後ほど詳しく述べますが、英語に関しては、ネイティブのように流暢に話す必要はなく、中学生レベルで十分コミュニケーションできると考えています。むしろ、しっかりとインバウンド対応できるグローバルなマインドを持ったスタッフであれば、片言の英語でも外国人旅行客と満足できるコミュニケーションができます。

では、グローバルな対応が可能なスタッフを増やせば、インバウンドビジネスで大きな利益を上げられるのでしょうか。

少子高齢化や社会構造の変化により、今、日本ではどの業種も人手不足で大きな悩みを抱えています。

観光業も例外ではありません。コロナ禍で宿泊業や飲食サービス業から多くの人たちが離れていきました。コロナ禍が収束した現在もなかなか人が戻らず、人手不足は深刻な状況にあり、インバウンドビジネスのための人材を新たに雇用するのは厳しいと言えるでしょう。

目の前のインバウンド需要を逃さない。そのためにも現在、雇用しているスタッフをグローバル対応できる人材に育成することを提案します。

増え続ける外国人観光客と日々対応し、悪戦苦闘しながら工夫をしているスタッフもいるでしょう。しかし、自己流のメソッドではなかなか効率の良い業務は行えません。

また、スタッフ間にスキルのバラツキがあると、できるスタッフにばかり負荷がかかってしまいます。

この現状を打破するために、今働いているスタッフにインバウンド顧客に対応できるスキルとマインドを伝授し、世界に通用するようなグローバル人材に育成することが急務なのです。

私は「はじめに」で紹介したように13年間におよぶ海外勤務を経験し、現在も欧米、アジアと飛び回り、海外ビジネスの第一線で仕事をしています。

その中で培ってきたスキルやマインドを、企業で海外ビジネスに携わる人、世界中の人々とのビジネスを円滑に行いたいと思う人達に伝授し、世界で活躍できる人材になるための指導や育成を行ってきました。

このスキルやマインドは、日本を訪れる世界中の人々を相手にビジネスするインバウンドの現場でも有効なものだと考えます。

拡大し続けるインバウンドビジネス現場では「さあ、これからもっともっとお金を儲けていきましょう！」とますます盛り上がっていくのは必定です。

対応できるスタッフがいないから、スタッフが育っていないからと指をくわえているのはもったいなくはありませんか。

前述したようにインバウンドビジネスは循環していくビジネスです。外国人観光客の心を掴めば、彼らは再び訪れて消費をしていくでしょう。

農林水産省の調査によれば、訪日外国人旅行者の多くが日本を訪れる前から飲食店などの口コミや情報を集めていることがわかっています。

グローバル対応ができるスタッフにより外国人観光客の満足度をアップさせることができれば、その店の評価は上がり、さらに多くの顧客を呼び込めるでしょう。

オーバーツーリズムのハード面に関しては、関連自治体が交通インフラや環境の整備を進めるなど問題解決の対策が進んでいます。

インバウンドビジネスの最前線にいるスタッフのグローバル対応する能力が高まれば、相乗効果で日本は外国人旅行者にとってますます魅力のある場所となるでしょう。

そうなれば、日本政府が掲げている「2030年に訪日外国人旅行者数6000万人、消費額15兆円を達成する」という目標達成は現実に手の届くものとなるのです。

日本の人口は約1億2000万人。そこに6000万人もの外国人が訪れるようになれば、外国人観光客の対応はもはや日常といってもい

いでしょう。これは日本の日常に大きな変化をもたらします。

このように変わりゆく状況の中で、環境そのものを変えるのは難しいことです。そうなれば、自分自身が変わっていく、グローバル対応力を身に付けるしかないのです。

この莫大なマーケットで、ぜひ勝ち組となってビジネスを大きくしていきましょう。そのために、インバウンドビジネスに携わる個人、まさに本書を読んでいる皆さん自身が世界に通用するグローバル人材、すなわち〝グローバル仕事人〟へと生まれ変わることが必要です。

〝グローバル仕事人〟となり、世界中から訪れる人々とのコミュニケーションが円滑に進めば、コミュニケーション不足から生まれる問題も解決！　売上げがアップするだけでなく、店の評判がアップすることも間違いありません。訪れた外国人観光客も、そこで働く人も両者が共にハッピーになれる。そういった世界を作るためのお手伝いをぜひさせてほしいのです。

SECTION 04

グローバル仕事人として成功するには？

今こそ急がれる、世界に通用する仕事力を持った〝グローバル仕事人〟の育成。そういった人材がビジネスを支えれば、急成長する観光業で多大な利益を獲得できるのは確実です。そのために必要なノウハウをお伝えするのが本書です。

読み進める前に、ちょっと待って！ あなたはそのノウハウを生かすことができる人材でしょうか？ 私は、次のような人たちは〝グローバル仕事人〟として能力を身に付けたとしても、周りの人たちと共にシナジーを生みだし、新しい価値を創造するのは難しいと考えます。

ノウハウを習得する前に、まずは次のようなマインドの傾向がないかチェックしてみましょう。

インバウンド顧客に対して日本の素晴らしさを知ってもらいたいと思わない

当然と言えば当然ですが、日本が嫌いな人は日本の素晴らしさをインバウンド顧客に伝えることはできません。

自分自身が日本って素晴らしい、すごいと思うことがまず重要です。私は、これまで長く海外で仕事をしてきましたが、常に、自分の心の中に祖国、日本に誇りを持って過ごしてきました。

意外に思われるかもしれませんが、同じ海外で活躍している日本人の中には自国に誇りを持てないという方が案外多くいます。

世界中の国々の人々と接すると、多くの人々が自分の国のことを誇りに思っていると感じます。

エストニアやラトビアなどのバルド三国の国々は、それぞれ人口が数百万人ぐらいの小さな国です。しかしながら、自分たちの国にはこんな文化や歴史があって、そのことに誇りを持っているんだと堂々と口にします。

日本人は、もちろんシャイな人も多いため、海外に出かけても堂々と自分の国について語る人が少ないように思います。

「祖国を愛しています」

とまで言う必要はありませんが、日本には自慢したくなることがたくさんあって、こんな素晴らしい人たちがいるんだと堂々と胸を張って語れることが大事です。そういったマインドがグローバルに活躍する人には必要だと考えています。

●インバウンド顧客の文化や習慣を尊重せず、日本のルールやしきたりを押し付ける

ここで問いたいのは、柔軟性を持って海外から来る人々に対応できるかどうかということです。日本文化について語るとき、ガラパゴス化という言葉を聞いたことがありませんか。日本

国内市場での優勢な技術やサービスなどが世界標準とは異なり、独自の進化を遂げてしまった現象で、世界レベルでは競争力を失ってしまうことを指します。

この言葉はある種の人々の気質にも使えるでしょう。例えば、年上の世代で役職についているような人を見てください。過去の成功例にこだわり、日本独自のルールやしきたりを押し付けるような人を見たことはありませんか。

「これが日本のやり方だから」と外国人観光客にそのルールを押し付けても、そこには何のメリットも生まれません。外国の文化やルールを尊重し、受け入れるといった柔軟性を持たない人は、インバウンドビジネスでの成功は見込めないでしょう。

●インバウンド顧客に対して日本語のみでの対応を押し通す

外国人向けのワークショップを最近よく見かけるようになりました。例えば、シリコンを使った食品サンプル作りは海外にはない日本独特の文化で、製作を体験するワークショップはとても人気があります。

ある時、そういったサンプル作りのノウハウがある知人に、海外に向けてそのノウハウを売ってみたらどうかとアドバイスをしたことがありました。その時の反応は、「海外のお客様がその前に日本語を理解してくれればなあ」というものでした。

その言葉を聞いて「気持ちはわかるが、顧客視点で考えないと海外に向けてビジネスを展開するのは苦労するな」と感じました。


英語をどうしても使わなければいけないシーンになっても、挨拶だけ英語でして、その後、日本語で押し通す人をたまに見かけます。

英語は世界共通語ですから、さまざまな国の人がまず英語で尋ねてきます。

「これは何ですか」と英語で問いかけられた時、ヘタでもいいから英語で答えようという姿勢を見せずに、黙り込んでしまったり、日本語で答えたりしているようでは、インバウンドビジネスでの成功は見込めないでしょう。

さて、皆さんは、ここで掲げたようなマインドの持ち主ではありませんか。

本気でインバウンドビジネスでの課題に向き合い、インバウンド顧客の困りごとに寄り添い、お互いが共存し、共にハッピーな関係になる。そのためのノウハウを習得する前に、まず自分自身のマインドを見直してください。

基本となるマインドがない人は、課題を解決する方法をせっかく身に付けても、目の前の大きなチャンスを逃してしまう可能性が高いでしょう。

祖国、日本を誇りに思い、柔軟な姿勢を持ち、流暢でなくても英語でのコミュニケーションを頑張るというマインドをお持ちでしょうか。「そういうマインドなら、私は持っている！」という方、〝グローバル仕事人〟の世界にようこそ！

本気で〝グローバル仕事人〟になって仕事力をアップしたいあなたを、ぜひ、サポートさせてください。

SECTION 05

インバウンド顧客対応できる世界に通用するグローバル人材とは？

これまでに何度も述べてきた〝世界に通用するグローバル人材〟とはどんな人材なのでしょう。

私が考える世界に通用するグローバル人材イコール〝グローバル仕事人〟とは、下記の５つの強みを持っている人たちです。

・世界中の誰とでも笑顔で仕事を楽しむことができる
・異文化理解力、そして対応力がある
・チャレンジ精神旺盛である
・課題を作り、自らそれを解決する力がある
・英語でのコミュニケーションができる

では、なぜこういった強みが必要なのでしょうか。この5つの強みがないと、どんな困った状態になるのかを話してみたいと思います。

●世界中の誰とでも笑顔で仕事を楽しむことができる

「はじめに」で私は名刺の写真は必ず笑顔の写真を使う話をしました。海外では笑顔はその場を和ませるというより、もっと重要な意味を含んでいる場合があるからです。

「私はあなたの敵ではありません」

笑顔で相手と相対するとはそういう意味があるのです。日本人が聞くと、ちょっとドキッとする言葉ですね。ですが、銃社会のアメリカでは、極端な話、歯を見せてニッコリ笑い、「ハーイ！」と挨拶することは「私はあなたの味方で、銃で撃つことはないよ」といった意味すら含んでいるのです。

渋面で向き合えば、「こいつは俺を殺そうとしているのか」と受け止められかねません。もちろん、これは極端な例でしょう。

ビジネスの場で会話しているとき、日本では歯を見せるような笑顔にならずに、口を真一文字に結んでいるのは、普通でありふれた光景です。

私も海外でビジネスを始めた当初は、そのことに疑問を思っていませんでした。ただ、よくよく相手を観察していると、必ず、相手は口角を上げて、歯を見せてニッコリと笑顔で会話をしているのです。

そこで、私も彼らの真似をして笑顔で会話をすること心掛けました。そうすると、相手の態度が180度変わってきたのです。以前よりずっと私の話に耳を傾けてくれるようになりました。

海外では、会話をしているのにむすっと真面目な顔をしていると、「いったい、この人は何を考えているんだろうか。どうして、こんなに渋面でいるのだろうか」と思われ、信用できる人間かどうかわからないと判断されかねないのです。

●異文化理解力、そして対応力がある

異文化を理解し、対応できないと、相手にとっては重大なマナー違反につながりかねません。

もしそれが宗教に絡んでいたとすると、外国人観光客を満足させるどころか、怒らせてしまうことになってしまいます。

飲食サービスに関連することであれば、ハラルフードの問題があります。

「ハラル」とはアラビア語で「(イスラム教で)許されている」という意味があります。イスラム教徒は〝神に食べることを許された〟食べ物を日々食べて暮らしています。

イスラム教では食べていいものと食べてはいけないものが細かく定められています。豚のようにまったく食べてはいけない食材のほか、牛や羊のように食べていい食材でもその処理がイスラムの戒律に則っていなければいけないなどの決まりがあります。

日本に大勢のイスラム教徒の観光客が訪れていますが、彼らにハラルフードではない食材を出せません。提供してしまえば、神を冒涜していると受け止められかねないのです。

これは、逆にビジネスチャンスでもあります。なぜなら、きちんとしたハラルフードを提供するレストランであれば、日本を訪れているイスラム教徒の人々を顧客にできるからです。

私の友人であるパキスタン人と横浜で食事をすることになりました。パキスタン人はカレーを食べますから、どこかカレー料理の店を探そうかと思っていたところ、彼からみなとみらいのランドマークにあるカレー料理の店を指定してきました。そこは完全にハラルフードを提供している店で、イスラム教徒である自分が安心して食事ができることを知っていたからです。

外国人観光客の中には、ベジタリアンの人々もいるでしょう。そういった海外のさまざまな文化や嗜好を理解し、対応できなければ、彼らを顧客として取り込むことは難しいでしょう。

●チャレンジ精神旺盛である

チャレンジ精神と聞くと、新規で事業を起こすとか、新しいサービスを始めるといったことをビジネスの世界では思い浮かべるかもしれません。ですが、もっと日常の業務の中にもチャレンジ精神が大事な場面があるのです。

例えば、いつもは地元の人たちを相手にしていた店に、ふらりと外国人観光客が訪れたとします。

さあ、あなたはどうしますか？　思わず、店の奥に隠れてしまうでしょうか。誰か自分以外のスタッフが対応してくれないだろうかと周囲を見渡したりしますか。

ここでチャレンジ精神を発揮です！　思い切って声を掛けてみましょう。黙っていれば、お客様は無視されていると感じるかもしれません。ましてや、店の奥に逃げてしまえば、せっかくの売り上げを逃すことになってしまいます。

逃げてしまうのは極端ですが、日本人はお客様、特に外国人の方に積極的に声掛けしないことをあまり気にしない方が多いように思います。

外国人だからという理由で、声を掛けるのをやめてしまう方すらいます。それは店にとって大いなる機会の損失なのです。

私が先日、フィリピンに出張にいった際、たまたま用事があり、現地のデパートに出かけました。そのとき、通りかかった売り場のスタッフが熱心に１００％ＵＶカットの日焼け止めクリームを売り込んできたのです。結局、効能の良さと交渉力の素晴らしさに引かれて購入してしまいました。

ここまでしつこく売り込みをしなくてもいいのです。

「こんにちは。何をお探しですか？」「何かお手伝いしましょうか？」

この程度の声掛けでも十分、相手には「この店は自分に好感を持ってくれている」「感じの良い店だ」と思ってもらうことができます。

商品購入につながるかもしれません。また、SNSなどで「感じ良い店だった」と良い評価を書きこんでくれるかもしれません。

少しばかりのチャレンジ精神を発揮する。それだけで大きなビジネスチャンスにつながることがあるのです。

課題を作り、自らそれを解決する力がある

インバウンド顧客を獲得すること。それはこれまでの属性とは違った、新しいタイプの顧客

を獲得していかなければならないということです。一朝一夕にできることではなく、今日できなかったことが明日いきなりできてしまうことはないのです。

この場合、必要なのは課題を見出す力です。例えば、店を訪れた外国人旅行客にいつも通りの対応をしていたら、怪訝な顔をされたり、首を傾げられたりするかもしれません。または、同じような商品を扱っているのに、こちらの店は素通りするのに、隣の店に入っていくようなこともあるでしょう。

この場合、それはなんだろう、どうしてだろうと原因を考え、改善してみることが大切です。そうすると、昨日訪れた客は無反応だったのに、今日訪れた客は購入につながったとなるかもしれません。

日々、原因と解決策を考えて実行し、ダメなら、また他の策を実行してみる。そういった繰り返しができなければ、インバウンド顧客を獲得して大きなビジネスにつなげていくことは難しいでしょう。

言い換えれば、些細なことにも目を配り、課題を見つけ、改善していく力が身に付いていいなければ、インバウンドビジネスで大きな成功を収めることは難しいのです。

英語でのコミュニケーションができる

第1章－4でヘタでもいいから英語を使おうという話をしました。ここでは、英語でインバウンド顧客に接することのメリットを紹介しましょう。

六本木に、1961年に創業した老舗レストラン「瀬里奈」の本店があります。和とモダンが融合した内装の店内で神戸牛のしゃぶしゃぶやすき焼き、ステーキが楽しめ、訪日外国人にもとても人気があります。

先日、この店を訪れたとき、和装の女性スタッフがにこやかに英語で接客する様子に接しました。英語で案内や料理の説明をするだけでなく、始終にこやかに訪れた客が快適に過ごせるように気を配っているのです。

その様子に感心して尋ねてみると、スタッフ対象に定期的に英会話研修、所作やマナーに関する研修が行われているというのです。英語も単に会話を習うのではなく、場面を想定し、そこで必要な会話を習うという行き届いたものでした。

この「瀬里奈」のケースが物語っているのは、英語で接客することでおいしい料理を食べること以上の付加価値も提供しているということです。英語での基本的な接客は中学生レベルでＯＫです。黙り込んで接客するのではなく、拙くてもいいので、英語で相手が快適に過ごせるように接することが大切です。そうすることで、その店や施設を訪れることへの価値が高まるのです。

ここでは私が考える〝グローバル仕事人〟とはどんな強みをもった人材なのか。そういったスキルを持っていないとこんな困りごとがあるということを紹介しました。

いよいよ次章以降ではインバウンド顧客に対応できる世界に通用するグローバル人材になるための強みとして、〝訪日客が泣いて喜ぶ満足度１２０％の仕事術（ポリシー編、マインドセット編、実戦スキルセット編）〟を詳しく説明していきます。実際に頭や手、身体を動かしながら、ぜひ習得していってください。

CHAPTER

02

日本人はなぜ
インバウンド対応が
苦手なのか？

SECTION 01

ハイコンテクスト文化とローコンテクスト文化

グローバルに活躍するための仕事術を伝授する前に、なぜ日本人はインバウンド顧客の対応が苦手なのかについて話しましょう。その原因を探ることで、身に付けるべきスキルがどんなものなのかが見えてきます。

ハイコンテクスト文化とローコンテクスト文化という言葉を聞いたことがありますか。これは１９７０年代に文化人類学者であるエドワード・Ｔ・ホール氏によって提唱された概念で、国や地域によって異なるコミュニケーションスタイルを指しています。

コンテクストとは文脈や背景といった意味があり、言葉以外のボディランゲージや声のトーン、話している相手の社会的地位や立場などが含まれます。日本語でよく〝空気を読む〟と言いますが、この〝空気〟の部分がコンテクストにあたります。

ハイコンテクスト文化とは、コミュニケーションの際、言葉以外のコンテクストに重きを置く文化で、いわば空気を読む力が強い文化をいいます。

日本を含むアジアや中東、アフリカ、南米などがハイコンテクスト文化を持つ地域だとホール氏は述べています。

一方、ローコンテクスト文化では言語に重きを置きます。コンテクストに頼らずに言葉を飾り立てたり、あいまいな表現を使ったりすることなく、明快に伝えたいことを言葉で表現するのです。

ローコンテクスト文化では受け手側も〝空気を読む〟ことはなく、言葉で表現されたことを文字通りに受け取ります。

英語はローコンテクスト文化を代表する言葉で、ホール氏によればこの文化は北米や欧州でよく見られるといいます。

ハイコンテクスト文化では言葉にしなくても、状況や背景から察することをコミュニケーションの際に期待されます。

例えば、こんな光景を職場で目にしたことはありませんか。

上司が部下に「あれ、どうなった？」と尋ねると、「ああ、あの見積もりの件ですよね。できています」と部下は返してきます。同じ職場で同じ仕事に携わっていれば、具体的に言わなくても、その言葉の意味を察することができるのです。

こういった会話が成り立つのは、文脈を読むのに長けているハイコンテクスト文化特有の現象です。

同じケースでもローコンテクスト文化だと違ってきます。

「あれ、どうなった？」と聞かれたら、同じ職場の仲間でも「あれって何ですか」と返ってきます。必ず「あれ」を具体的に述べることが求められます。

ハイコンテクスト文化が「言わなくてもわかる」文化とするならば、ローコンテクスト文化は「全てきちんと言葉で説明する」文化なのです。

私は、外国人とコミュニケーションをする際には、必ず伝えたいことを確実に言語化し、さらに図解までして相手に理解してもらうように努めてきました。「これぐらいならわかるだろう」という意識でやると大失敗をしてしまうからです。

島国で文化や人種の多様性が少ない日本は、世界でも有数のハイコンテクスト文化の国だと言われています。

一方、移民社会のアメリカは人種も多種多様で、さまざまな言語が使われるローコンテクスト文化の国です。そのような国では、伝えることを明確に言葉にしなければ、コミュニケーションそのものが成り立ちません。

日本のように高いハイコンテクスト文化がある国は、世界的にみて少数派で、世界では言語を明確化するローコンテクスト文化が主流です。

訪日外国人客の困りごとの中に「コミュニケーションに不満がある」というものがあります。解決するには、このコミュニケーションスタイルの違いから生まれていることを理解する必要があります。このことへの理解が不足していると、いくら英語がうまくてもコミュニケーションに失敗してしまいます。

このように文化という視点から見ても、日本人と外国の人々には大きな違いがあります。

では、インバウンド顧客対応の現場で訪日外国人たちは日本人のキャラクターをどのように見ているのでしょうか。次の節から紹介していきましょう。

SECTION 02

感情を表さない真面目過ぎる日本人、——もっと笑顔で！

笑顔が少なく、生真面目な表情の日本人の話を第1章でしました。接客の場面でも同じように「日本人はまじめで丁寧だが、笑顔が少ない」という印象を持たれがちです。

以前訪れた日本のレストランで欧米からの観光客が食事を楽しんでいたとき、店員が笑顔をほとんど見せず、無表情で対応している光景を目にしました。

店員たちはきちんとお辞儀をしてとても礼儀正しいのですが、口はしっかり真一文字に閉じ、笑顔はありません。この様子は欧米の人々から見ると「冷たい対応だなあ」「どうしてこの人はむすっとしているんだろう」と受け取られかねないと感じました。

このケースとは対照的に、アメリカのレストランを訪れた人なら、スタッフからまるで友達のように親しく、満面の笑顔で接客された経験があるのではないでしょうか。「今日は元気？」から始まって会話が弾むと、「今日はこんなおいしい料理があって、おすすめですよ」とその店の情報を教えてくれます。日本の「ご注文は何にしましょうか」で始まる接客と真逆の対応です。

もちろん、どちらが優れているという話ではありません。伝統と格式を誇る旅館ならば、さらに「相手に干渉しない」とか、個人の感情を抑えてお客様に接するのが礼儀としているところもあるでしょう。

子どもの頃から多くの日本人は、人前では礼儀正しくしなさいとしつけられてきています。その態度を改めて、アメリカ人のスタッフのようにいきなりフレンドリーに話しかけるのは難しいでしょう。

日本人の礼儀正しい接客を評価している欧米人も大勢います。ですが、それに笑顔でニッコリと笑うことをプラスアルファすればどうでしょうか。

もっと価値が上がり、評価が高まるのは間違いないと思いませんか。

SECTION 03

ガラパゴス化気質――その日本基準は大丈夫？

第1章で〝ガラパゴス化〟について話をしました。日本独自のルールや価値基準などにこだわってしまうことです。このようなこだわりは、海外から日本を訪れた人々を戸惑わせたり、驚かせたりすることになります。

温泉などに入浴する際に、タトゥーを隠すためのシールを用意している話を聞いたことがありませんか。

日本の多くのホテルや旅館などでは、大浴場などの入浴施設を利用する際に、タトゥー（入れ墨）を入れている人の利用を拒否するようなルールを設けているところがあります。

海外ではタトゥーは宗教や文化、ファッション等の理由で入れている人々が多く、そのことで入浴を拒否されるのは、なかなか理解を得るのが難しいものがあります。

一方、多くの日本人は入れ墨に関しては異なる認識を持っています。そのため、入浴中にタトゥーを入れた人が入ってくると驚いてしまいます。

ホテルや旅館側はタトゥーを入れた人と、入れていない人との間で起こるさまざまなトラブルを回避するために、タトゥー隠しのシールを用意しているのです。

タトゥー隠しシールは海外には存在しません。そのため入浴の際にシールを渡されると、多くの外国人観光客は困惑してしまいます。

こういった日本独自のルールを、訪日旅行客は新鮮に感じながらも、その意味まで理解するのは難しいでしょう。

ビジネスの世界では、国際標準からかけ離れた〝ガラパゴス化〟気質によって、日本は多くのビジネスチャンスを失ってきました。

「ｉモード」という日本独自の携帯電話向けのサービスのことを覚えていますか。

「ｉモード」はウェブページ閲覧やメールの送受信、ニュースや天気予報、ショッピング、オンラインゲームなど多彩なサービスが利用できる革新的なプラットフォームとして、１９９９年に登場しました。日本国内で人気を集め、瞬く間に普及しましたが、スマートフォンの普及に伴い、２０１９年9月に新規受付が終了し、２０２６年3月にサービス自身も終了を予定しています。

「ｉモード」は、海外市場への進出も狙いましたが、日本独自の技術を基盤としていたり、日本特有の有料モデルやサービス内容が海外では合わなかったりしたため、十分な成果を得るには至りませんでした。

この「ｉモード」は国内では大きな成功を収めました。その成功ゆえに日本は当時、世界で台頭しつつあったスマートフォンにあまり関心を払わず、その対応が遅れてしまいました。

その結果、世界の主流がiPhoneやAndroid端末に移ったとき、日本は海外市場での競争力を失ってしまったのです。

これは日本では高く評価されたサービスが海外市場では評価されなかった、つまり日本独自の価値基準が世界標準の基準とは合わなくなり、ビジネスチャンスを逸した一例です。

これから、日本は海外から大勢の人々を迎え入れる国になるでしょう。

日本には素晴らしいものがたくさんあります。ですが、残すものは残す、変えていくものは変えるといった整理を世界標準の価値基準を取り入れながら行っていくことが、必要ではないでしょうか。

そういった視点がインバウンド顧客の増加と共に求められていくでしょう。

SECTION 04

前例重視――現状維持を好み、柔軟な対応が苦手

誰しもできるなら失敗をしたくないと考えがちでしょう。だからといって、失敗を恐れるあまり、何をやるにつけても前例重視、あるいは現状維持となってしまっては、そこに進歩はありません。

ここである一つの例を紹介したいと思います。

シンガポールに拠点を置く電気機器メーカー、ダイソンの羽根のない扇風機をご存じかと思います。

扇風機の歴史を振り返ってみると、国産初の扇風機は、１８９４年に東芝の前身である芝浦製作所が開発し、販売をしています。この扇風機は羽根をモーターで回して風を送るというスタイルで現在もある扇風機と基本的な形は変わりません。それから１００年以上の間、日本の

メーカーが作る扇風機は、指が入らないように網目を細かくしたり、マイコン制御を取り入れたりといった工夫はされましたが、羽根のある形は変わらずにいました。

そこに登場したのが、２００９年末から販売が開始されたダイソン「エアマルチプライアー」です。それまでの扇風機の概念を一新するような羽根のない扇風機はスタイリッシュなデザインと相まって、たちまち人気商品となります。

この羽根のない扇風機のアイデアは、実は、ダイソンが世に出す前に日本で発明されていたことをご存じでしょうか。ダイソンが扇風機の特許出願をしたとき、株式会社東芝（以下、東芝）が１９８１年に同様のものを考案し、特許出願していたことがわかったのです。

東芝がなぜこの特許を製品化しなかったのかは、東芝自身が明らかにしていないため理由はわかりません。１９８１年当時の技術では製品化が難しかったのか、それとも扇風機ではあまり利益は見込めないと判断したのかもしれません。ですが、このアイデアを製品化する意思決定を行い、市場化に成功していたら、革新的な扇風機を作ったイノベーション企業として評価を得ていたのではないでしょうか。

東芝はすでに日本を代表する大企業でしたから、リスクを取ってこれまでにない扇風機を作るより、現状維持を望んだのかもしれません。しかし、前例重視や現状維持にこだわれば、イノベーションは生まれません。前例にないことをしてこそ変化が生まれ新たなビジネスチャンスが生まれます。その変化を嫌う人々が日本には多いように感じます。

私は変化が大好きです。例えば、非効率なのになぜこの仕事を続けているのかと疑問に思う仕事を改め、新しい仕事のやり方にチャレンジすることを選びます。一時的に仕事が増えてしまうかもしれませんが、そこにこそビジネスチャンスや自己成長の機会があると考えるからです。

確かに変化にリスクはつきものです。新しいことを始めるとき、失敗を恐れるあまりリスクを過大評価してしまい、ついつい前例にこだわり、大きな変化に対して保守的な行動をとってしまうかもしれません。

変化を受け入れるより、前例に従う方が楽だと考える人たちがいます。なぜなら変化によって自分の仕事がなくなったり、仕事量が増えたりする可能性を恐れるからです。そういう後ろ向きの思考にとらわれて、前例を重視したりしていませんか。

例えば、インバウンドビジネスでも、新しい観光体験プランを考えたのに、変化に対して保守的な考えに固執している人々から反対を受けることがあるかもしれません。そこにビジネスチャンスがあるのに、なぜ柔軟に考えないのだろうと悔しい思いをした人もいるのではないでしょうか。

前例を重視し、変化を好まない例とは少し異なるかもしれませんが、柔軟性に欠けている例としてこんな話をご紹介しましょう。

イタリアを旅行していたときのことです。とあるレストランに入って、メニューを見ていると、周りのイタリア人たちはメニューにないものをどんどん頼むのです。

私もメニューにない料理について尋ねてみると、「値段は変わるよ。時価だからね」と言いつつ、食材があれば作れるよと言ってくれました。

日本ではメニューにないものを頼むと、多くは断られてしまいます。もちろん食材の準備だとか、1人のために特別な料理を作るコストの高さなどの問題があります。だから「メニューから選んでください」となります。

すべてのレストランがそうではないかもしれませんが、イタリアではその料理に使うものが100%そろっていなくても、80%そろっていればOKだと考えます。出来栄えがたとえ80%でも「問題ない」という考え方です。そういう発想を持っているため、メニューにない料理でも気軽に作ってくれるのです。

日本では、プロとして料理を出す以上、100%、120%の出来栄えでなければと考えるところが多いのではないでしょうか。80%なら、やらない方がいいと考えている日本人は少なくないように思います。

もちろん柔軟性に富んだ日本人はたくさんいます。海外のビジネスの現場でそういった人々をたくさん見てきました。

ただ、前例に固執する、柔軟に変化に対応できない人たちも少なからず見てきました。それでは新しいビジネスチャンスを逸してしまいますし、チャレンジができません。チャレンジがなければ進歩もなく、ビジネスとしても大きな成長につながりません。

SECTION 05

指示待ち――無言の美徳？自分で考えて動けない

観光地のとある店にスタッフとして働いているとします。いきなり目の前に外国人旅行客が現れたら、あなたは積極的に声を掛けますか。なかなか声を掛けられず、黙ったままという人が多いのではないでしょうか。

お客様は何をしてほしいのだろうかとか、こんなことをして欲しいのだろうかと想像を働かせて、何かしら対応をするとなると、さらに難易度が増します。

こういった無言でいる日本人のスタッフの姿は、訪日外国人観光客からすると「こちらからお願いしないと、日本人は対応をしてくれない」と見えてしまいます。

ビジネスシーンでもしばしば積極的に自ら動かない人々の姿が見られます。そういった態度は〝指示待ち〟と呼ばれます。上司や同僚などの指示がなければ動けない、主体性に欠ける人々です。

指示待ち社員は、若手にかぎらずキャリアを積んだ中堅社員にも見られます。会社組織は上下関係のヒエラルキーがありますから、ついつい上司の顔色をうかがう、つまり忖度をしてしまい、黙って様子を見ている人が多いように思います。

指示待ちの背景には日本独特の文化があります。

個人よりも集団の調和が優先され、そのため和を乱すような個人の独自の発言は避けるべきだと考える傾向があるのです。

また失敗することを恐れるあまり、主体的な行動を控えてしまう傾向もあります。主体的に行動して失敗してしまうより、指示を待ってから動いた方がいいと考えてしまうのです。

海外ではまず上司に忖度することがありません。一般社員でもマネージャーや、もっと上の経営者にも堂々と自分の考えを提案します。自分で良いと考えたことを積極的に上司に提案し、そして行動していく姿を私は海外で働いているときに多く見てきました。

上司や周りに遠慮して黙ってしまうことは、現代社会では美徳ではなく、悪徳であり、仕事の効率を下げてしまうことにつながりかねないのです。

同じことがインバウンドの現場でも言えるでしょう。挨拶程度でいいので、まずは声掛けをしましょう。そして、相手の様子を観察し、こんなことをしてほしいのではと思ったら、積極的に行動に移すのです。上司の顔色は気にせず、臨機応変に現場の雰囲気に合わせて行動することが大切です。なぜなら現場をわかっているのはあなただからです。

自ら動いてコミュニケーションできれば、いつも黙ったままでいる日本人のイメージが覆ります。訪日外国人観光客に「この日本人はできるやつだ」と高く評価されるでしょう。そしてそこには必ずビジネスチャンスが潜んでいるのです。

SECTION 06

英語と共に去りぬ？――英語で話しかけると途端にいなくなる日本人

第1章でグローバル仕事人の条件として、英語についての話をしました。ここでは訪日外国人から見た日本人の英語について話しましょう。

まずはインバウンド現場でのエピソードからご紹介しましょう。

とある有名観光地で、訪日外国人客に話しかけられた日本人スタッフがいました。緊張してしまったのでしょうか。「Sorry（ごめんなさい）」とだけ告げて、その場から逃げてしまったのです。外国人客から見ると「なぜ、そこまで英語を恐れてしまうのだろうか」と不思議に思ってしまう場面です。

こういった姿は、実はビジネスシーンでも見られます。会議で英語を話さなければならなくなった途端、姿が見えなくなってしまう人がいるのです。逃げずに頑張って出席しても、日本語で発言して、最後の「Thank you」だけ英語を話す人も少なからずいて、残念というか苦笑してしまいます。

私の外国人の知人が日本を訪れたときのエピソードです。彼は「日本人って英語しゃべれないよね」と言うのです。私の感覚ではかなりの日本人が英語を話せると思うのですが、彼にはそうは見えないようです。

もう一つのエピソードです。

とあるバーで飲んでいたとき。初対面の外国人の方と英語で話をすることがありました。その際、私の拙い英語力でも、彼は「会話できる人と初めて会った」と喜んでくれました。そして「なんだ、日本人、英語をしゃべれるじゃないですか。皆、しゃべれないと思っていた」と言いました。そのとき、皆、英語できるのだからもっと話せばいいのにと思わずにはいられませんでした。

英語で話そうと思えばできるのに、あまり話そうとしない人たちがいます。発音がきれいじゃないから、文法が完璧じゃないからと理由はさまざまです。

日本人は完璧主義的なところがあるので、きちんとした英語を話さなくちゃいけないと考えている人が多いのです。そのため、英語を使う場面なのにだんまりを決め込んでしまう人がいます。

そういった姿を見た外国の人たちは、話せるのに話さないとは考えません。英語ができない人たちと認識してしまいます。

完璧な英語への過度な意識が、コミュニケーションにおいて壁になっているのです。

英語は単なるコミュニケーションのツールにすぎません。もちろんツールが美しく、完璧なことは素晴らしいでしょうが、それより機能すること、伝わることの方がコミュニケーションにおいてははるかに大切です。

日本にいても海外のドラマや映画、海外のニュース映像などで英語に接する機会はたくさんあります。

だから、単語レベルだと聞いてわかるという人も大勢いるでしょう。それなのにアウトプットになると途端にしり込みしてしまいます。

これには文化的な要因もあるでしょう。日本では日常的に英語を使う必要性がなく、実践で使う場面が少ないからです。また失敗を恐れる気質がここでも見られます。英語を話すことに自信が持てず、消極的になってしまうのです。

そろそろ、この気質にもサヨナラしませんか。

CHAPTER

03

訪日客が泣いて喜ぶ
満足度120%の仕事術
ポリシー編

SECTION 01

コミュニケーションサクセスの5原則「SMART」とは？

第1章でインバウンドビジネス最前線での問題解決のためには、インバウンド顧客に対応できる人材、つまり世界に通用するグローバル人材である〝グローバル仕事人〟の育成が急務であると話しました。

いよいよ第3章から第5章で〝グローバル仕事人〟になるために必須のスキル「訪日客が泣いて喜ぶ満足度120％の仕事術」をお伝えしていきましょう。

スポーツには〝心技体〟という言葉があります。心と技と体の3つの要素がバランスよく整ったときにこそ、最大限の力が発揮できるという考えです。

本書で伝授するグローバル対応のスキルを心技体に例えると、この後お伝えする第3章の「SMART」が基礎体力、第4章のマインドセットが心、第5章で話すスキルセットが技に相当します。この3つのバランスがとれてこそ、グローバルビジネスにおいて最大限のパフォーマンスを発揮することができるのです。

第3章でご紹介するのは、私が長年の経験から編み出したコミュニケーションを成功に導く5原則「SMART」です。

これはコミュニケーションの基本姿勢というべき原則で、それぞれの頭文字をとり、覚えやすいように「SMART」とネーミングしました。

「はじめに」でお伝えしたように、私は、通算13年間、海外に駐在し、日本に帰国後も常にグローバルビジネスの最前線で仕事をしてきました。

日本とは異なる文化やビジネス慣習を持つ人々といかに仕事をうまくやっていくのか、また、いかに円滑にコミュニケーションしていくのか。そういったことについて日々彼らを観察し、研究し、そして学んだことを実践してきたのです。

このように試行錯誤しながらコミュニケーションの方法を工夫し、それが成果となって仕事が成功すれば、自分自身も仕事相手もハッピーになります。

そういった体験を積み重ねた中からノウハウや仕事に対する姿勢を編み出していきました。

それらをどうやって言語化して人に伝えようかと考えて、作りだしたのが「SMART」なのです。

私は現在「グローバル仕事人実践講座」という講座を行っています。そこでは長年の海外でのビジネス経験や知見に基づき開発した、実践的なオリジナルプログラムを使って、グローバルに活躍するための基本姿勢や心構えなどの仕事術を教えています。

この仕事術は10項目から成りますが、その中で最も基本となるポリシーがこの「SMART」です。

実際にこの講座を受けた人からは、「SMART」の考え方で外国の人々の対応をすると、コミュニケーションがうまくいった、コミュニケーション力がアップしたという感想をよく頂戴します。

ある方からは「SMART」を実践していく過程で自分自身の意識も変わり、仕事への意欲がアップしたといったうれしいコメントもありました。

実際に「SMART」を試してみてください。そうすると「SMART」は、グローバルコミュニケーションだけでなく、日常のコミュニケーションにおいても役に立つスキルであることがわかるかと思います。

「SMART」の習慣を身に付ければ、コミュニケーションの相手の態度が変わり、自身もこれまでとは違った意識が芽生えてくるはずです。そして、その意識がコミュニケーションをサクセスに導きます。

「SMART」は誰でも簡単に身に付けられます。ぜひ、今日から意識して実践してみてください。

SECTION 02

Smile/笑顔

「S」はコミュニケーションの基本のKEY、「Smile/笑顔」の頭文字です。

●どんな効果が得られる?

・常に笑顔で人に接しましょう。

「笑う門には福がくる」といいますが、グローバルなビジネスシーンでは、歯を見せて笑顔で対面すること自体がビジネス上のメリットになります。

欧米では、笑顔でいることは、常に基本なのです。

インバウンド顧客に対面する際も同じことが言えるでしょう。

笑顔に勝る効果はありません。例え、英語で話しかけることができなくても、とにかく現場では笑顔でいましょう。

笑顔でいれば、脳がリラックスし、幸せホルモンと呼ばれるセロトニンなどが増え、ハッピーな気分になれると言われています。

ポジティブな気分は仕事に良い結果をもたらします。まさに「笑う門には福がくる」状態なのです。

- **笑顔は相手に親しみや安心感を与え、リラックスした雰囲気を作ります。**

笑顔は自分をポジティブにするだけでなく、相手にポジティブなエネルギーを伝えます。これにより、コミュニケーションを円滑にすることができます。

円滑なコミュニケーションができれば、人間関係は良好なものとなります。

良好な人間関係は、ビジネスであれば人脈獲得に、インバウンドの現場なら顧客獲得につながるでしょう。

● 笑顔を向けられた人は歓迎されていると感じ、心地よさや安心感を覚えます。

「いらっしゃいませ」と声掛けをするとき、口角を上げて、歯を見せ、ニッコリしながら「いらっしゃいませ」とぜひ言ってみてください。

笑顔はグッと相手の心をつかみます。私は、笑顔があるのとないのとでは100倍効果が違うと思っています。

お客様の心をつかめば、ここでサービスを受けたり、商品を買ったりするなど何かしら行動に移そうという気分につながるでしょう。

これはスタートにすぎません。

しかし、コミュニケーションの相手に自分が受け入れられたと感じられるのはうれしくはありませんか。

私は長年の海外ビジネスの経験から笑顔の計り知れない効果を知っています。

良好な関係は、さらにオープンなコミュニケーションへとつながっていくでしょう。

さっそくやってみよう!

まずは笑顔の訓練です。笑顔に訓練はいるの? と思われるかもしれませんが、日本人は日頃からビジネスのような真面目な場所で笑顔になることに慣れていません。

毎日のわずかな訓練だけで、必要なときに必要な場所で有効な笑顔ができるようになります。

やり方は簡単です。

まず朝起きて歯を磨くときなどに、鏡を見ながら口角をしっかりと上げて、歯を見せてニッコリしてみてください。

歯を見せるほどの笑顔は意外とできなかったりします。とにかく日々実践し、鏡の中の笑顔のイメージを頭の中に焼き付けてください。

あとは、それを実践するのみです。

人と対面してコミュニケーションするとき、鏡の中の笑顔を頭に思い浮かべながら、笑顔で会話してみてください。

やがてコミュニケーションの武器となる笑顔が自分のものになるはずです。

●「S」で押さえておくべきポイント

日本人は笑顔が少ないとこれまでの章でも書いてきました。シャイなところがあるからかもしれません。でも、思い出してみてください。日常、リラックスした場面ではよく笑っていませんか。

インバウンド顧客への対応も同じ感覚でリラックスした笑顔で接してみてください。

相手に好感を持ってもらえるだけではなく、グローバルビジネスの環境で信用を得ることに、笑顔は一役買ってくれることでしょう。

SECTION 03

Motivation/鼓舞

「M」は「Motivation/鼓舞」の頭文字を指します。この「Motivation/鼓舞」は自分のやる気だけでなく、相手にもやる気を持たせる姿勢で接するスキルです。

このスキルは、あなたがチームを率いて、リーダーになったときに役に立つものです。そういう立場になったと想像しながら読んでみてください。

相手にやる気を持たせるにはどうすればいいのでしょう。効果的なのは「あなたならできる」「期待しています」といったポジティブな言葉で相手を励まし、目標を共有し、その達成に向けてサポートすることです。「M」はそのような姿勢で行うコミュニケーションスキルなのです。

「SMART」はコミュニケーション力を高めるスキルですから、常に〝対相手〟の視線を持つことが大切です。相手に対してどうするのか、相手がどう受け取るのかを考えながら、実践してみてください。

どんな効果が得られる？

- 相手は自分の努力が評価され、期待されていることを感じます。

例えば、インバウンドビジネスの現場にいるスタッフが、自分なりにインバウンド向けの商品やサービスを企画し、提案したとしましょう。

その企画を頭から否定するのではなく、考えたスタッフを励まし、実行できるように背中を押し、一緒にやってみようという姿勢を見せることが大切です。

これにより相手のやる気がアップします。

- 励ましの言葉を受けた人は、自信を持ち、仕事に対してより積極的になれます。

人は誰でも、モチベーションをアップするような言葉を掛けられれば、ポジティブな気分になるでしょう。

そして、そういう気分にさせてくれた相手への感謝や信頼感も生まれ、周りに対しても同じように励ましの言葉をかけたり、サポートしたりするようになります。

1人へのポジティブな声掛けで、チーム全体の雰囲気も盛り上げることになるのです。

さっそくやってみよう!

● 相手のモチベーションを引き出すのに必要なのは、ポジティブフィードバック

ポジティブフィードバックとは、他者の発言や行動を常に肯定的にとらえ、前向きな意見を伝えることを言います。

例えば、相手がすでに周りの人々がすでに知っているような質問をしてきたとき、なぜ皆が知っている質問をするのかと否定的に捉えるのではなく、「いいね、よくそこに気づいたね」と質問したことを肯定しましょう。

その際、具体的にいいところを見つけて、指摘するのが大切です。相手の自信につながり、

さらに努力しようとするでしょう。

このようなポジティブフィードバックは、その発言した相手のやる気を引き出すだけでなく、チーム全体の雰囲気やパフォーマンスを向上させる効果があります。

●「M」で押さえておくべきポイント

日本では減点主義的な考え方を多く見かけます。不十分なところにばかり目を向け、欠点を探し出し、指摘するような傾向があります。これでは人は成長しません。

まずは相手の良いところや努力したところを見つけて認めてあげる。この場面だったら、どんな言葉を掛ければ相手のやる気を引き出すだろうか、自信を高められるだろうかと考えてみることが大切です。

まだ、自分はそんな立場にないという人もいつかはチームを率いるようになるでしょう。そのときのために、今、同僚や友人に対して実践してみてください。

SECTION 04

Applause/称賛

「A」は「Applause/称賛」の頭文字になります。「Motivation」がこれから何かをしようとする相手のやる気を引き出すのに対し、「Applause」はチャレンジして実践したことを肯定するスキルです。

時間軸で見ると「Motivation」が実行する前、「Applause」は実行した後にとる姿勢です。

このスキルも第3章－3と同じく、リーダーの立場になれば、必須のものです。チームを率いる立場になったと想像しながら、読んでみてください。

では「Applause」ではどんな振る舞いをすればいいのでしょうか。

具体的には、相手の成果や努力に対して「素晴らしいですね」「よく頑張りましたね」といったほめ言葉を伝え、その言葉と共に拍手をします。
または、グループのメンバーの前でその人の成果を称賛します。相手が行動したこと、成し遂げたことを賞賛するコミュニケーションスキルです。

●どんな効果が得られる？

・ほめられた人は自分の努力が認められたと感じ、自己肯定感が高まります。

ほめられることの一番の効能は、相手に自信を与えることです。自信が持てるようになれば、やる気が出ますし、また新しいアイデアを提案するかもしれません。

新しいアイデアがチームの目標になることもあるでしょう。新しい挑戦が始まれば、チーム全体の士気も向上します。

・ほめられた人は喜びや満足感を感じます。

ほめられた相手は、あなたに対して信頼や感謝の気持ちを抱き、良好な関係を築くきっかけとなります。さらに「Motivation」と同じように、自分にしてもらって嬉しかったことを他の人にもするでしょう。チーム全体にポジティブな気分が生まれます。

● やる気と自信から生まれるポジティブスパイラル

前述しましたが「Motivation」は起点、「Applause」は終点になります。実行する前にやる気を起こさせ、そして実行した後にほめて自信を与える。この2つは連動しているのです。

「いいね」と言われてやる気になり、「じゃ、やってみます」としてやった結果がほめられれば、自信になります。それがさらに積極的なやる気につながり、パフォーマンスを向上させるといった好循環が生まれます。

一連の流れが良い方向に循環していけば、大きなシナジーが生まれ、組織自体が大きく成長していきます。この流れをポジティブスパイラルと呼んでいます。「Motivation」と「Applause」がセットとなり、ビジネスを大きく成長させる好循環を引き起こすことがこの2つの一番の効能です。

●さっそくやってみよう！

では「Applause」のコミュニケーションスキルはどのように実行すればいいのでしょうか。

とにかくほめることです。「その仕事、すばらしいね」「よくがんばったね」「グッジョブ！」など肯定的な言葉を掛けるようにしましょう。

この場合、大切なことは、言葉を掛けながら拍手したり、グループ全員の前で声掛けたりすることです。

つまり、こっそりほめるのではなく、チーム全員が、相手が実行したことが賞賛されたことがきちんと伝わることが大切です。そのことをまわりに知らしめることで、自分たちはポジティブスパイラルの中にいることを感じさせることができます。

新しい挑戦をしたけれど、失敗に終わってしまうことはよくあります。ミスやトラブルなどネガティブな事態が発生することもあるでしょう。

しかし、チャレンジをしたということが大切で、そのことを相手に知ってもらわなければなりません。例え、失敗したとしても、とにかくほめるのです。

「結果的にうまくいかなかったけど、そこから学んだものも大きかったよね。それもすごいことだと思う」

失敗に終わってしまったことでも、そこから学んだ教訓があるはずです。そのことを肯定的に認めてほめましょう。

「A」で押さえておくべきポイント

この2つの原則「Motivation」と「Applause」は、対インバウンド顧客というより、インバウンドビジネス最前線にいる宿泊業や小売業、飲食業といった職場でのチーム作りやチーム力アップに有効なスキルになります。

職場環境でポジティブスパイラルによる好循環が生まれれば、働く人々の幸福度が高まります。この好循環はそこで働く人々に良い効果をもたらすだけではありません。彼らが楽しく働ければ、より良いサービスの提供が可能となり、ひいては顧客の満足度につながります。

職場だけでなく、顧客も巻き込んだ大きなポジティブスパイラルの輪が広がっていくのです。

SECTION 05

Respect/尊重

「R」は「Respect/尊重」の頭文字です。ここでの「尊重」とは、人種、言語、性別、文化などの多様性を認め合って尊重し、相手の意見や考え方に丁寧に耳を傾け、その違いを否定せずに受け止めて、対応することを意味しています。

ここからは現場でのインバウンド顧客への対応に役立つスキルの話です。ぜひ、日ごろの業務を思い出しながら、読んでみてください。

どんな効果が得られる?

- 相手が自分は尊重されていると感じることで互いに理解し合おうとし、コミュニケーションがよりオープンで誠実なものになります。

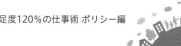

誠実なコミュニケーションは、信頼関係を築く上でなくてはならないものです。信頼関係が築かれれば、相手がインバウンド顧客の場合、リピーターになって再び店舗や施設に訪れてくれるでしょう。

● **尊重されていると感じた人は自己価値を認識し、安心感を覚えます。**

この効能も「Motivation」や「Applause」と同じです。他者から尊重されることは、自分の価値を認識し、安心感を持つことにつながります。

そうすることで、その人も同じように他者を尊重しようとするでしょう。互いに尊重しあう関係は、対等な人間関係を形成する要因となります。

● **尊重から生まれる信頼は、豊かで創造的な関係を生み、イノベーションをもたらします。**

尊重から誠実なコミュニケーションにつながり、そこから信頼関係が築かれるという話をしました。

互いを尊重し、認め合う関係になれば、あなたは相手から多様性を受け入れることができる人だと認めてもらえるようになるでしょう。そこにあるのは信頼と安心です。

海外のビジネスの現場では、世界中のさまざまな人々とコミュニケーションをしなければなりません。その際、私は必ず相手が持つ文化や言語、宗教などの多様性を尊重するように努めていました。そうした努力が実を結んで、「この人は信頼できる」と認めてもらえるようになり、ビジネスが成功した例をご紹介しましょう。

日本人は、欧米をひとくくりに捉えがちですが、実は欧米といっても全く違うので、その国や人の文化や商習慣の尊重及び理解は重要な成功要因です

私がアメリカで駐在していたとき、初対面からカジュアルにニックネームで直ぐに呼ぶ会う関係でビジネスを推進できました。一方、ドイツでは初対面の時にはMrやMsを付けてフォーマルに呼び合いますが、お互いの仕事の取り組みを理解し、親密なコミュニケーションを通じて合格点がつくと、相手からニックネームで呼ばれるようになります。そのスタイルを教えてくれた同僚がいたおかげで、いきなりアメリカ的なアプローチで接することを避け、フォーマルなアプローチで仕事に取組み、コミュニケーションしたことで信頼を勝ち取ることができました。こうした信頼のおかげでチームビルディングやビジネス拡大における協力を得ることができたのです。

これは尊重によるコミュニケーション力の向上がもたらしたサクセス体験の一例です。

多様性を尊重する姿勢から始まり、誠実なコミュニケーションを経て信頼関係が構築できれば、互いにオープンなコミュニケーションが行えるようになります。そうすれば、これまでに見えてこなかった相手の本音を引き出し、それがビジネスの広がりに結びつくかもしれません。インバウンドビジネスであれば、あなたのファンになった顧客が新しい顧客を紹介してくれるというハッピーな輪がきっと広がることでしょう。

●さっそくやってみよう！

さまざまな文化や宗教、慣習、言語を持つ人々とのグローバルコミュニケーションの場では、相手を理解することが尊重につながります。文化や宗教などに少しでも知識があれば、相手をリスペクトすることはたやすくなるはずです。

もちろん最初から相手を１００％理解することは不可能でしょう。けれども、コミュニケーションを通じて、その人の言動や行動に興味を持ち、調べて知識を身に付けるようにすると、より相手を尊重する気持ちが湧いてきます。

事前に、スマホ等で出身はどこの国か、その国にはどんな文化があるのか、どんな宗教を信仰しているのか、どんな言葉を話すのかといった情報を知ることができれば、コミュニケーションに役立てることができるでしょう。

ただ、インバウンド顧客のように観光で訪れた人が相手の場合は、事前に何か情報を得ることは難しいでしょう。

その場合は、彼らとのやり取りを終えた後でもいいので、世界のどこにその国があって、「ありがとう」「こんにちは」は彼らの言語ではどういうのかを調べてみましょう。次回、役に立つかもしれません。

異なる文化や宗教を持つ人々と接すると、ついついネガティブな気持ちになってしまいませんか。ちょっと大変なコミュニケーションになりそうだなと思ってしまうこともあるでしょう。

また、相手の国に関して、さまざまに見聞きしたことから、その考えに影響されて、目の前にいる相手のことをバイアスがかかった見方をしまうこともありがちです。

当たり前ですが、日本人にもさまざまなタイプの人がいるように、その国にもさまざまなタイプの人がいます。日本人に理解しがたいような価値観の人もいれば、日本人に近い価値観の人もいるのです。

まずは偏見を捨て去り、ニュートラルな視点で相手と対峙し、「彼らの文化や言葉を受け入れよう」というマインドを持つことが大切です。

ニュートラルに相手と向き合うためにも、まずは日ごろから海外の情報に接するときは、バイアスをかけずにニュートラルな心構えで接しましょう。その姿勢が、実際のグローバルコミュニケーションの場でもきっと役に立ちます。

私は、外国の人とコミュニケーションを取るとき、何よりも大切にしているのは笑顔と敬意を払うことです。ニュートラルな姿勢で相手との対等なコミュニケーションを意識しています。

そして対話の中で向こうはこんな文化を持っているとか、こんな考え方や価値観を持っているということをしっかり受け止めるように心がけています。そうすることで、相手と信頼関係が築けることを何度も体験してきたのです。

「R」で押さえておくべきポイント

第1章でインバウンドビジネスは循環していくという話をしました。

今、対面しているインバウンド顧客は、その場限りではなく、また訪れる人たちだと考えてみてはいかがでしょう。彼らと良好な関係を築きたいと思いませんか。

まずは、前にも書いたように接客した外国人客が帰った後でもいいので、相手の文化や言葉を調べてみましょう。そして、もし同じ国から来た観光客を接客する機会があれば、そのとき調べた挨拶の言葉を使ってみましょう。

例えば、ポルトガル語を話していることがわかったら、ポルトガル語で「こんにちは」と言ってみてください。

きっと、自国から遠く離れた日本で、母国語を聞けば、感激されることは請け合いです。

言葉は文化につながりますから、自分たちの文化を理解し、尊重してくれる人がいるということは、その顧客の心を確実につかむでしょう。

尊重から始まったコミュニケーションが、やがて大きなビジネスチャンスを連れてくると話しました。インバウンドビジネスの現場でも同じです。きっとあなたの商売に大きな利益をもたらしてくれるでしょう。

SECTION 06

Thank you/感謝

いよいよ最後の原則「T」は「Thank you/感謝」の頭文字です。相手が自分にしてくれたことに対して「ありがとうございます」と具体的に感謝を伝える、または、自分に起きた些細なことにも感謝の気持ちを忘れないという姿勢です。現場でのインバウンド顧客への対応にも、チームの仲間づくりにも万能に使えるスキルです。

一期一会という言葉があります。この出会いが一生に一度の出会いかもしれない、だから誠意を尽くすという意味です。この言葉とおりに、相手に会ったこと自体にまずは感謝します。インバウンド顧客であれば、あなたが働く宿泊施設や飲食店、小売店に立ち寄ってくれたことに感謝します。数ある店や施設の中から選んで、わざわざ訪れてくれたのですから、感謝の気持ちで迎えたいですね。

どんな効果が得られる？

● 感謝の言葉は相手の行動を認め、評価することにつながります。

感謝の言葉は相手のモチベーションを向上させたり、相手の自信につながったりするため、ポジティブな関係を築くのに有効です。

コミュニケーションを成功させるには、まず、相手との良好な関係を築くのが大切になってきます。その際、感謝の言葉は相手にまっすぐ伝わって、その心に響き、大きな力を発揮するでしょう。

● 感謝の気持ちは伝播していきます。

これは「ＳＭＡＲＴ」の他の原則を説明する際にも繰り返し述べてきたことですが、うれしいことをされた人は、必ず、他の人にも同じようなことをしようとします。

感謝を伝えられた人は、自分自身が認められ、評価されたとうれしく思うはずです。そのような人は周囲の他の人にも感謝を伝えようとするでしょう。

感謝の気持ちは伝播し、どんどん広がっていくのです。

さっそくやってみよう！

私は、基本的に自分の周りに起きていること全てに感謝するようにしています。ネガティブなことも含めてです。

どんな物事にもプラス面、マイナス面両方あると考えます。プラス面への感謝はもちろん、マイナス面でもきっとそこから学ぶことがあるでしょうから、そのことに感謝します。

ただ単純に感謝するだけでなく、どんな部分に感謝するかを考えることが大切です。失敗したり、思ったとおりに行かなかったりといったネガティブな場面でも、そこにも何かしらメリットはあるはずです。そして、それを見つけて感謝します。私はこういった感謝を日頃から心がけています。

一日の終わりに自分に起きたことを振り返ってみてください。

いいこと、悪いこと、さまざまなことが一日のうちに起きているでしょう。もちろん、全てを思い出す必要はありません。いろいろなことがありすぎて、忘れてしまう日もあるでしょう。

それでも、今日はこんな良いことがあった、こんな失敗をしてしまったけど、次は失敗しないようにしようなどと振り返ってみてください。

一日のさまざまな出来事が自分を成長させてくれたことに気づくはずです。そのことに感謝しましょう。


「Respect」でも述べましたが、日々、ニュートラルな気持ちでさまざまな国の文化、宗教、言語等を尊重するように心がければ、仕事の現場に立った時に相手を尊重したコミュニケーションをとることができます。

「Thank you」でも同じです。日頃から人との出会い、自分に起こったさまざまな出来事に対して感謝の気持ちを持つようにすることで、仕事の場でも自然と相手に感謝を伝えられるでしょう。


もう一つ、「Thank you」の実践で大切なことがあります。それは感謝の気持ちを言葉にすることです。

日頃からどんな些細なことでも感謝したいと思ったら、「ありがとう」以外でもいいので、はっきりと言葉で表してみてください。言語化することで、なぜこのことに感謝したいと思ったのかを振り返ることになり、新たな気づきを得ることができます。

「T」で押さえておくべきポイント

これで「SMART」の最後の原則「T」まで説明しました。

口角を上げ、歯を見せてニッコリと笑ってみましょう。相手にやる気を起こさせ、相手をほめれば、周囲にポジティブな雰囲気が生まれます。それから、相手の文化や宗教、言語等を尊重してみましょう。最後にすべてのことに感謝してみてください。

どうですか。前向きな気分になってきませんか。人間関係が良好になり、互いにハッピーな気分が高まります。

そうなれば仕事の効率も向上し、ビジネス上の利益にも結び付いていくことでしょう。

さて「SMART」5原則すべてについて話してきました。この原則が生かされるのは、インバウンド顧客対応だけではないという感想を持った方も多いのではないでしょうか。

コミュニケーションサクセスの5原則「SMART」は、コミュニケーションの基本に関わる原則なのです。

しかし、どうでしょうか。多くの日本人を見回すと、この5原則がまだ十分に身に付いていない人が多いのではないでしょうか。

身に付ければ、周りとの人間関係が変わります。そして、グローバルコミュニケーションの場でよりそのパワーを実感できるでしょう。

CHAPTER

04

訪日客が泣いて喜ぶ
満足度120%の仕事術
マインドセット編

SECTION 01

正しいことを正しい方法で行う――正しい行いで顧客との信頼を築く

この章では、〝グローバル仕事人〟になるための必須スキル「訪日客が泣いて喜ぶ満足度120%の仕事術」のマインドセットについてご紹介しましょう。

マインドセットとは、個人が物事をどのように捉え、考え、行動するかを決める〝心の持ち方〟のことで、物事に対する基本的な考え方や信念を指します。

メンタルや気持ちを鍛える、やるぞという心の強さを獲得することについて話をしていきます。

さて、正しいことを正しい方法で行う。この心構えを聞いて、当たり前でしょうと思った人が多いのではないでしょうか。しかしながら、実社会ではこれが守られていないことが多々あります。

私は、長年、企業の中に身を置いて活動してきました。私自身が体験したことではありませんが、日本でも海外でも多数目にしてきたことがあります。

それは、誰でもその名前を知るような大企業が財務諸表を改ざんしたり、開示すべき情報を故意に隠したりするといった不祥事が明るみになって、組織崩壊の危機に瀕するありさまです。

財務での隠蔽ではありませんが、最近の例として、コンプライアンスに関わるような情報を隠蔽したために、全国ネットワークのマスメディアが存亡の危機にさらされたことは記憶に新しいことでしょう。

企業のトップに立つ人々が「正しいことを正しい方法で行う」という信念を大切にしていたら、会社存続の危機には陥らなかったはずです。

身近な例として、私が心掛けていることについて話しましょう。私が手掛けているプロジェクトなどで、品質に関する問題が発生したとします。その際、その事実を隠すことなく、すぐに直属の上司に報告するようにしています。

これはクレームがあったときも同じです。顧客からのクレームがあったとき、何よりも大切なのは初期対応です。この場合もクレームを迅速に、かつ的確に上司に伝えるよう心掛けています。

いずれの事例も問題を包み隠さず明らかにし、その後、組織全体で解決に向けて動くようにします。問題を隠してしまうよりも、効果的な対策を講じることに注力することでリスクへの管理体制が強化され、組織のパフォーマンスが向上すると考えるからです。

想像してみてください。担当している仕事での品質問題や、クレームが発生するとドキッとしてしまうのではないでしょうか。

そのことで評価が下がったり、非難されたりするのではないかとネガティブな心理が働きがちです。できれば黙っていたいと考えてしまうかもしれません。

耳が痛いなと思った方がいたら、どうぞ明日から「正しいことを正しい方法で行う」マインドセットを意識してみてください。そうすれば、いつのまにかそのマインドが心に沁み込み、自然と行動につながるはずです。

こういう場面で力を発揮！

インバウンドビジネスでは、外国人観光客によるトラブルが発生し、正しいルールを伝えたいといった場面で、このマインドセットがきっと良い方向へ導いてくれるでしょう。

・困りごとが発生！

訪日外国人観光客は文化や言語、宗教、慣習なども違うのですから、当然、日々対応していると思いもよらないハプニングも起きるでしょう。

例えば、第1章で話したハラルフード。知識がないため、ハラルフードではない食材を提供すれば、大きなトラブルになります。

また、何気なくやってしまうかもしれませんが、コミュニケーションの際のジェスチャーも注意しなければなりません。国によっては、文化の違いがあるため全く違う意味に受け取られる可能性があります。

例えば、日本ではダメというとき、指を体の前でクロスさせ、×印を作りますが、欧米人にはこのジェスチャーはまったく通じません。

相手への文化や慣習をすべて理解するのは難しいことです。いずれの場合も、本当に正しいやり方を知らずに日本のやり方で対応してしまったことで、顧客を困らせてしまったことから生じたハプニングです。

こういった文化や慣習の違いで相手を不愉快な思いをさせてしまったり、トラブルになったりしたら、「正しいことを正しい方法で」マインドセットを発揮し、すぐに上司に報告しましょう。

自己保身や責任回避のために、インバウンド顧客との間での不都合を隠してしまったら、そのことは組織にとっても、隠した本人にとっても何の利益ももたらしません。

●正しいルールを伝えよう

インバウンドビジネスでは、世界中のあらゆる国から訪れる人々を相手にしなければなりません。国は違えど、人としての基本的な常識、価値観、道徳観、倫理観は大きくかわるものでは無いと思います。

ただ、文化や宗教、風習の違いにより〝正しいルール〟が国によって異なることがあります。

このルールの正しさの認識が違うことによる、日本人と訪日外国人とのトラブルは避けたいものです。

ルールが違うのだから仕方がないとあきらめる前に、日本でのルールやマナーをその理由とともに伝える工夫をしてみてはどうでしょう。これも立派な「正しいことを正しい方法で」のマインドセットが発揮される事例です。

広島県の宮島は、厳島神社が世界文化遺産に登録されていることもあり、日本人観光客だけでなく、たくさん訪日外国人が訪れます。そこにはたくさんの野生の鹿が生息しており、鹿に餌をあげたり、触ったり、写真を撮ったりする観光客が多く見受けられます。

しかしながら、１８７９年の広島県令により宮島全島が禁猟区となり、２０２２年の改正自然公園法により餌を与えることが禁止されるなど、宮島地域に生息する鹿は保護の対象になっています。このため、鹿との付き合いかたの正しいルールは〝近づかない、触らない、餌をやらない〟となります。

正しいルールを守らない人に対しては、ルールを守りましょうと注意喚起して、ルール違反を止めさせることが正しい方法ではないでしょうか。

また、私はビジネスで中国に頻繁に出張しています。現地の食堂で驚いたことがありました。中国の人々は食べた鶏の骨や、ピーナッツなどの殻をテーブルの上や床下に放置するのです。日本人の感覚からするとあり得ないと感じてしまうできごとですが、それが現地でのルールなのです。

もちろん中国は人口が14億人もいる広い国ですから、地方によれば、違うルールのところがあるのかもしれません。

こういった違うルールのある国から来た旅行客には、日本は違う、日本ではこんなルールがあるということを知ってもらわなければなりません。

そのために飲食店の行動についてのマナーを多言語で掲示してみたり、イラストで図示してみたりしてはどうでしょう。ネットの翻訳サイトを使えば、さまざまな言語への翻訳も簡単です。

掲示物を作るのが大変ならば、公式HPなどでルールを多言語で記載し、メニューのQRコードからアクセスするようにしてもいいですね。

最低限でいいので、守ってほしいマナーやルールをしっかりと訪日外国人に伝える努力をすることが大切です。

彼らも、きっと日本での〝正しいこと〟を知りたいでしょう。

なぜならより快適な日本旅行を楽しみたいと思っているからです。

SECTION 02

約束を守る——信用を築くための基本のマインドセット

「約束を守る」というマインドセットは、「正しいことを正しい方法で」と同様に日常生活の中で当たり前に守らなければならないルールです。

しかしながら、うっかり忘れてしまった、約束が重なってしまった、不可抗力のことが起こったなどと意外と守るのが簡単ではなかったりします。

だからこそ、「約束を守る」というマインドセットが大切になってきます。どんなに些細な約束でも守ることを心がけることがグローバルコミュニケーションにおいて、基本の心構えとなります。

このマインドセットで大切なのは、約束を果たすのは自分自身であるという当事者意識をしっかり持ち、ていねいに約束に向き合う事です。

私は、仕事で何日までに製品をお届けしますと顧客に約束したら、必ずその納期を守るように最大限努力します。

自ら顧客と「いつまでに完成させます」とか「いつまでに必要なものを用意します」と約束を交わせば、それを果たす責任は私にあります。

すなわち、約束を守れないということは、責任を果たせなかった自分自身の信用に関わることなのです。

安易に約束を破ってしまう人だと相手に認識されたら、いくら良好なコミュニケーションが交わせる間柄になっても、「この人とは一緒に仕事ができない」と判断されかねません。

さらに、私が顧客と約束する際に大切にしていることは、きちんと約束の内容を言葉にすることです。

例えば、契約書を交わすような法的な約束でなくても、日付や業務などについてできるだけ具体的に内容を紙に書いたり、Eメールで伝えたりするようにしています。

このように約束を見える形にしておけば、双方、誤解することなくスムーズに業務を進められます。何より責任の所在も明確になります。

約束を守る大切さは、日本人相手でもインバウンド顧客相手でも変わりません。そして、約束が守れなければ、信用に関わるということも世界共通なのです。

●こういう場面で力を発揮！

・正確無比の列車運行で世界的に高い評価を得る

海外から訪れた人が日本で驚くことの一つに列車運行の正確さがあります。列車が定刻どおりに発車し、安全に運行されることは日本人にとって当たり前のことですが、始発から終電まで分単位で正確に列車が走る国は世界中探してもなかなかありません。

この日本人の列車を時刻表通りに運行する感覚が他の国より突出して厳しいことを示している例として列車の定時運行率の話を紹介しましょう。

定時運行率とは、あらかじめ定められた時刻に列車が運行されているかを数値化しているものです。この数値が90%を超える国は日本を含めて数か国あるのですが、実はこの〝定時運行〟の定義が各国によって違うのです。

海外の例を見てみると、英国では通勤電車で5分以上、遠距離電車で10分以上の遅れを遅延と考えます。米国では2分以上、ドイツでは地域鉄道で5分以上、遠距離鉄道で15分以上を遅延とみなしています。日本では、通勤でも遠距離でも1分以上遅れれば、遅延とみなし、さらに災害や人身事故による大幅な遅延も含めて定時運行率を計算しています。この厳格な定義でも90%以上を維持しているのですから、いかに日本の鉄道が優秀なのかがわかります。

海外から訪れた旅行客が日本の鉄道を利用し、その快適さにファンになる人が多くいますが、その旅を支えている1つの要因に定時運行を厳守する「約束を守る」というマインドセットがあるのは間違いないでしょう。

● 信用はリピーターを作る

飲食店でのデリバリーの例を見てみましょう。

店側が30分後にはお届けしますと言ったのに、はるかにその時刻より遅れてしまったら、どうでしょう。おそらく顧客はその店を利用しなくなるでしょう。

「約束を守る」というマインドセットが欠けていると、失われるのは信用です。個人同士から企業同士の関係まで、その事実は変わりません。

インバウンド分野で考えてみるならば、約束を守ってもらえなかった外国人観光客はそこを訪れたり、サービスを受けたりしようとは思わなくなるでしょう。

外国人であれば、頻繁に来店しないのだからと考えてはいませんか。

今は、ＳＮＳの時代です。約束を守ってもらえず、そこで不愉快な思いをした顧客は、その店の評価を下げるようなことをＳＮＳに書き込むかもしれません。

それは将来訪れるかもしれなかった顧客を失うことになります。

「約束を守る」は、日常生活の中でも発揮できるマインドです。ぜひ日頃から実践し、「あの人は信用ができる人」と言われる人材になってください。

SECTION 03

言い訳をしない――他人のせいにせずに、解決策を探しましょう

言い訳は良くないことと思いながらも、ついついしてしまいませんか。誰でも過失や失敗で周囲の人に悪く思われたくないし、立場を悪くしたくないものです。

そこで、考えてみてください。言い訳ばかりしていては、一歩も前に進むことができないと思いませんか。

インバウンド顧客に対応するとき「英語ができないから」「外国の人に慣れていないから」と〝できない〟言い訳をして避けてしまうことが往々にしてあります。

あるいは、仕事でうっかりケアレスミスをしてしまったとき、「指示が悪かった」「どうすればいいかわからなかった」と〝できなかった〟理由を自分ではなく、他人や他の原因のせいにしてしまうこともあるでしょう。

このような言い訳ばかりしていると思考停止になってしまいます。目の前にある問題の解決にはつながりません。

結局、やるべきことを放置し、ミスの原因を考えないままでは問題は解決することなく、さらに悪化することさえあるのです。

第3章でポジティブスパイラルの話をしましたが、言い訳をしてそこで止まってしまえば、ネガティブスパイラルに陥ってしまいます。

ネガティブスパイラルとは、苦手なことを避け続け、克服しなければいけない問題をそのままにしているため、ビジネスの生産性や効率が悪くなる状態を指します。そういうスパイラルが起きている職場では、働く誰もがハッピーにはなりません。

また「言い訳をする」というマインドがあると、せっかく第3章で学んだ「SMART」のスキルも生かされなくなってしまいます。

というのも、言い訳を自分に許してしまえば、「SMART」のコミュニケーションスキルをいかに発揮しようとも、ネガティブスパイラルにとらわれて、相手とのより良い関係を築けなくなるからです。そこには自分の成長も、ひいては携わっているビジネスの成長もありません。

逆を言えば、言い訳をやめて「解決をするにはどうしたらいいだろう」という姿勢で行動すれば、成長のチャンスも広がるのです。

言い訳をする前に、どうすれば問題を解決できるのだろうかをまず考えてみましょう。「インバウンド顧客に英語がヘタでも笑顔で接しよう」「自分がミスをした原因は何だったのだろうか」などいろいろアイデアが湧いてくるはずです。

誰よりも一歩先んじて、自ら解決策を見出していくといった姿勢がグローバル仕事人には求められます。

●こういう場面で力を発揮！

ここでは問題が起きても言い訳をしないで、他に責任転嫁することもなく、自分事として解決策を見出した例を紹介します。

●できない理由を考えない！ まず問題を解決する

第1章で富士山のオーバーツーリズム問題について話しました。ここ数年、観光客や登山者数が急増し、環境保全などの課題が起きているという話です。

環境への悪影響としては、大勢の観光客などが訪れることによるゴミの放置や、登山道以外を踏み荒らすことにより貴重な高山植物の生態系への影響などがあります。また、夜通しで一気に山頂を目指す「弾丸登山」や、登山経験が少ない観光客の無理な登山などによる安全面の懸念もあります。

こうしたオーバーツーリズムは、コロナ禍後、再びにぎわいを取り戻した富士山で深刻な問題となっています。

そこで山梨県は、山梨県側の登山ルート「吉田ルート」で登山者数の1日あたりの上限を4000人とし、1人あたり2000円の通行料（義務）と1000円の協力金（任意）支払う対策を2024年から実施しました。

さらに、こうした取り組みを円滑に進めるために、「富士登山オフィシャルサイト」で新たに

「山梨県富士山吉田ルート通行予約システム」の運用も始めました。この通行料は、2025年には任意だった協力金と合わせて1人あたり4000円になる予定です。

静岡県側のルートは、登山者数の制限こそありませんが、2025年から入山管理料を入山料とし、4000円を徴収する予定です。

いずれも富士山を訪れる観光客や登山者の数を制限することで過密状態を解消し、混乱やトラブルを最小限に抑えることを目的としています。

また、徴収した入山料は、山中での安全誘導や巡回指導、外国人サポート、登山道の維持管理、救護所の設置・運営、臨時公衆トイレの設置・管理などに使われます。これにより、富士山の環境改善につながり、オーバーツーリズム解消への第1歩となるのです。

これは自治体が取り組んだ事例ですが、積極的に問題解決のために動き、そして実行したところに学ぶべきポイントがあります。

殺到する観光客によって引き起こされる問題をただ手をこまねいて傍観するのではなく、解決するために必要な施策を考えることで、快適に観光を楽しめる環境作りが一歩前進したのです。

目の前で問題が起き、その問題に気づいたとき、できない言い訳を考える前に解決しようという気持ちを持つことが大切です。

まず、問題や課題があるのに言い訳をして立ち止まるのをやめましょう。解決に向けて動いていけば、それは自分自身の成長につながります。

●DXで行列を解消！

問題解決の一例としてDX（デジタルトランスフォーメーション）を取り入れた例も紹介しましょう。

近年、人気が高く入店待ちが発生する、いわゆる〝行列のできる飲食店〟では、行列による顧客の不便を解消しようと、IT技術を使った予約システムを導入する店が増えています。

例えば、株式会社リクルートが提供している「Airウェイト」という順番待ちシステムがあります。タブレットを使って受付をし、受付後に番号券を発行し、番号順に顧客を呼び出すシステムです。現在、箱根町観光協会やジェイアール京都伊勢丹のレストラン街などで導入されています。

このシステムは英語以外に中国語、韓国語などの多言語に対応しており、呼び出しも番号なので外国人にとってもスムーズでわかりやすいものになっています。

このシステム導入で解決された問題は行列による待ち時間の解消と、店側での煩雑な予約受付業務からの解放です。

並んで待つしかない場合、順番が来るまで1時間も2時間も待たなければなりません。観光客にとって貴重な時間が無駄になってしまいます。このシステムを使えば、メールやＬＩＮＥで番号が呼び出されるので、順番が来るまでお土産物を買ったり、近くの観光スポットに寄ったりと有意義に時間を使うことができます。

一方、店側にとっては、多言語を使えるスタッフがいなくても予約受付の業務が行え、その手間に人手がとられることもありません。

現在はＩＴやＡＩを使ったさまざまなサービスが提供されています。これらは日頃の問題解決に有効な手段として役に立ってくれるでしょう。

ピンチはチャンスという言葉があります。

「忙しくてインバウンド客対応どころではない」「英語が苦手」などとできない理由や言い訳を探すのではなく、やるためにはどうするかといった考えで問題解決に取り組んでみませんか。そこに大きなビジネスチャンスが潜んでいるのであれば、やりがいのあるチャレンジだと思います。

SECTION 04

前向きなプラス思考――自己肯定・自分を信じる・必ずできる

たとえ逆境にさらされても、新しいアイデアや解決策を見つけようというポジティブな姿勢でいることができるマインドセットをご紹介しましょう。それは「前向きなプラス思考」です。このマインドセットを持てば、問題が発生したときにも「どうすれば解決できるか」と考え、柔軟な思考や創造力を発揮できるようになります。

『思考は現実化する』（著者：ナポレオン・ヒル）という本があります。500人以上の成功者にインタビューし、彼らの考え方や行動を体系的にまとめた自己啓発書で、世界中で読まれているベストセラーです。興味がある方はぜひ読んでみてください。

この本の中では、人は自分が思い描いたような人間になる、つまり自分が達成したい目標や夢を思考することで現実化するといったことが語られています。

「私はできるんです」と自己肯定することで、必ず物事はできるようになると、私は断言します。なぜなら私がそうやって目標や夢を叶えてきたからです。

もちろん実現しなかったこともありますが、それは忘れてしまいました。自分にとっては重要な事ではなかったことだと思います。自分の心の中にある最もやりたい事、大切なことは必ず叶います。なぜなら行動するからです。その行動を大切にしてください。

私は子どものころから、「世界を股にかけて活躍したい」と漠然とですが周囲に語ってきました。

このとき大事なのは、声に出して周りに伝えることです。「思考を現実化」するとき、こうなりたいと考えていることを、必ず言語化して誰かに語ることが必須のポイントになります。

有言実行という言葉があります。発言することで自分のモチベーションがアップしますし、実現するために努力することです。声に出す、言葉にするとこのような効果があるのです。

さて、私の人生経験の話に戻りましょう。発言したことは、必ず実行に移すことが人生のモットーです。

大学に入学したばかりのときも、海外に行きたいと周囲に事あるごとに話しました。そして、大学4年生の時、休学してオーストラリアに渡りました。有言実行です。オーストラリアでは、フリーマーケットでものを売るなどさまざまな貴重な経験を通して、生きていくための実践的な英語を学びました。

社会人になってからも同じです。「海外でビジネスをやりたい」「海外に駐在したい」と最初から会社に伝えました。

ただ、大学を出て最初に入った会社は、ビジネスのメインが国内マーケット相手だったため、そこではあまり海外ビジネスに携わるチャンスがありませんでした。

そこで、売上げ全体の7〜8割を海外市場から稼いでいる会社に転職しました。そこでも「海外で仕事がしたいから、入社しました」と周囲に伝えていると、念願叶って海外に派遣され、グローバルビジネスに携われるようになったのです。

学生のとき、そして社会人になってからも海外で学び、働くことをしっかりと頭の中でイメージし、それを声に出して周囲に伝えてきました。

叶えたい夢、達成したい目標があるときは、「夢は叶えられる」「自分はできる、できるやつなんだ」と自分に言い聞かせ、言葉にすることが大切なことだとさまざまな経験から学びました。

「私はできる」と考える思考は、自分の存在や価値を高く評価する、つまり高い自己肯定感から生まれます。

日本人は、他国と比較して自己肯定感が低いと言われます。「世界幸福度ランキング２０２４(World Happiness Report 2024)」では日本は１４３カ国中51位でした。日本人が現在の生活を肯定的に捉えている人が少ないことを示しています。

まず「前向きなプラス思考」を身に付けるのに、高い自己肯定感を持つようにしましょう。意識してポジティブな言葉を使い、できなかったことではなく、できたことに目を向けていると自己肯定感を高めることができます。

日本では、そういった自己肯定感の高い人は目だってしまうかもしれません。「あの人、ちょっと勘違いしているんじゃない」なんて意地悪なことを言われることもあるでしょう。

でも、気にしてはいけません。あなたはグローバル仕事人になるという高い目標を持っているのですから。「インバウンドで稼ぐんだ」という少し目線の高いところから行動することが大切です。

また、周囲に向かって「インバウンド顧客の対応は任せてください。うまくいきます」と声に出して、伝えてみてください。最初は失敗しても構わないのです。「プラス思考」マインドを持っていれば、そこから大きな学びを得ます。

どんな小さなことでもいいので、成功したと思う経験を積み重ねましょう。気がつけば、インバウンド顧客の心をつかむ接客ができるようになっているはずです。

「前向きなプラス思考」というマインドセットは、夢に向かって進む人や、目標達成のために努力する人、ポジティブに行動する人を強く支えてくれるものなのです。そしてさらに、頑張っているあなたの姿を見ている周りの人からたくさんの応援をもらう事ができるのです。

●こういう場面で力を発揮！

・プラス思考で崖っぷちを乗り切る

「前向きなプラス思考」の心構えで困難を乗り切った例として、MLBのロサンゼルス・ドジャース所属の大谷翔平選手の例を紹介しましょう。

2024年のメジャーリーグのプレーオフ地区シリーズにおけるパドレスとの第3戦にドジャースの大谷翔平選手が出場しました。

このとき、チームは5対6と2敗目を喫し、対戦成績は1勝2敗となりました。先に3勝したチームが次にステージに進めますから、パドレスが王手をかけた状態です。

このとき、試合後のインタビューで大谷選手は「単純に2連勝すればいいゲームだと思っている。今日終わったことは終わったことで、明日切り替えて頑張りたい」と語っています。

この言葉どおりにドジャースはそこから2連勝して地区シリーズを突破するわけですが、この大谷選手の発言こそ、「前向きなプラス思考」というマインドセットを表しています。

崖っぷちに立たされても、決してひるむことなく、気持ちを切り替え、前向きな姿勢で挑むことの大切さを示している例だと思います。

●目の前にいるインバウンド顧客から学ぶ

第1章で急増する訪日外国人で、宿泊や飲食業、小売業の現場は疲弊しているという話をしました。

観光地として有名な場所だけでなく、少し前まで外国人の姿をめったに見なかったような場所でも、ある日突然、外国人客の人気を集め、殺到するようなことが発生しています。

そのような場所では、ただ驚いていたり、どう対応していいかわからず茫然としたりしている人も多いでしょう。中には日本人より時間も手間もかかるから、あまり外国人相手に商売はしたくないといった声も聞こえてきたりします。

こんな状況のときこそ「前向きプラス思考」の発揮です。なぜなら、課題のあるところにはビジネスチャンスがあるからです。時間や手間をかけて、彼らが優良顧客になってくれれば、そのビジネスに大きな利益をもたらすかもしれません。

例えば、目の前にいる外国人がこんなことを喜んでくれる、こんな料理を楽しそうに食べている。そういった様子をニッコリ笑顔で（これが大切！）観察しながら、彼らの嗜好や考えを学んでいきましょう。これはりっぱなマーケットリサーチです。

そこから、今度はこんな商品を仕入れてみよう、こんな料理をメニューに入れてみようといったアイデアが湧いてくるはずです。

これは困ったことではなく、チャンスなんだと考えられる人は、「前向きプラス思考」を身に付けている人なのです。

私は、自分に起こるすべてのことに学びがあると考えています。本などから学ぶ知識には限りがあります。けれども、すべてに学びがあると考えれば、ビジネスシーンでの相手の交渉術や、会議での外国人の同僚のプレゼンテーションなどあらゆる場面に学ぶべきことがあるのです。

どんな場所でも自分を成長させてくれるものがあると考えるのは、りっぱな「前向きプラス思考」なのです。

とはいえ、やはり、文化も慣習も千差万別のインバウンド顧客の対応において、難しい状況に陥り、心が折れそうになる時もあるでしょう。

そのときは、ピンチはチャンスといったポジティブな心構えで、問題に向き合いましょう。きっと、新しいアイデアや取り組みにチャレンジしようという気持ちが湧いてきます。

CHAPTER

05

訪日客が泣いて喜ぶ 満足度120％の仕事術 実戦スキルセット編

SECTION 01

24時間以内のレスポンス——スピード感をもって行動しよう

第3章冒頭で述べた〝心・技・体〟のうち、心（第4章）と体（第3章）についてすでに話をしました。

コミュニケーションの基礎体力「SMART」を身に付け、マインドセットでメンタルを鍛えてきました。これでグローバルコミュニケーションに必要なベースが整いました。

いよいよグローバル仕事人としてスタートラインに立ち、インバウンド対応で稼ぐことができる体制づくりの準備完了です。

その前に、本章でインバウンド顧客に対する〝技〟、実戦的スキルセットとしての仕事術について話しましょう。

まずは、「24時間以内のレスポンス」。文字通り24時間以内に対応することを指します。ビジネスの現場では、必須のマナーです。

24時間以内とありますが、1時間でもいいのです。時間が勝負という言葉があるように、ここで求められているスキルは早さです。

内容によってはすぐに返信できるものもありますが、調べものをしたり、上司と相談したりしないと答えられないものもあるでしょう。その場合でも24時間あれば、何かしら先方に送れる答えを得られるはずです。

皆さんは「LINE」をやっていますか?「LINE」やSNSの世界でも求められているのは素早いレスポンスです。特にデジタルネイティブのZ世代ならば、24時間以上も待たされてしまえば、ストレスに感じるかもしれません。仕事の現場も同様に即答一択なのです。

返答はなんでもいいわけではありません。「できません」「ありません」では後につながりません。

この場合、相手は具体的な答えが欲しいわけですから、わかることがあれば即答し、時間がかかりそうな場合でも「2，3日中に回答します」「上司に相談しているので、回答を得しだい、メールします。回答に時間がかかりそうな場合は、中間報告を明日までにメールします」など具体的にいつまでに返信するかを相手に伝えます。

私は、仕事でのメールは必ず24時間以内に返信するようにしています。答えがある場合はもちろんすぐに返信しますし、答えがない場合も「いつまでに」と相手に伝えることを基本としています。

もちろん最初からこの「24時間以内のレスポンス」ができていたわけではありませんが、このルールを実践するようになって、ビジネス上で多くのメリットを得ることができました。なぜなら「すぐに対応してくれる」「返信してくれる」人だと相手に認識してもらうことで、仕事上の信用が格段に上がったからです。

最悪の対応は、だんまりを決め込むことです。質問をしたのに、無視されているという感情を相手に抱かせないようにすることが大切です。たいていの人は、いつも待たされる人とはできれば仕事を一緒にしたくないと思っているのです。

同じことがインバウンド顧客への応対にも言えるでしょう。大切なのはスピード感！ 目の前にいる顧客に対応しなければならない場合を考えると、24時間も待ってはいられません。

ビジネスメールでは返信の放置や対応の遅れは、相手に誠意がないと思われる危険がありま す。インバウンドの現場でも同じです。顧客が尋ねたり、依頼したりしたことに対して迅速に対応できず、待たせることになったら、その店や施設、サービスの評価を大幅に下げてしまうことになるでしょう。不快な気分になった顧客とトラブルすら発生しかねません。迅速でない対応は、顧客の満足度を低下させてしまうのです。

この実戦スキルで心がけたいポイントは、返信や対応にスピード感を持つことです。そして、時間がかかってしまいそうな場合は、できるだけ早く、そのことを相手に伝え、理解してもらいましょう。

待たされることが不快なのは、国や文化が違っても万国共通なのです。

●こんなシーンで実践！

・即時対応で満足度を爆上げ！

先ほど、私の実践例で迅速なレスポンスで相手の信用を勝ち得た話をしました。「あの人に言えば、必ずすぐに返信がもらえる。そうでなくても代替案を出してくれる」そんな風に言ってもらえるようになれば、相手から「返信が早いだけでなく、顧客視点で考え、行動してくれる」といった評価を得られるようになります。私は、そういった評価をもらえるように努力することで、新しい案件や取引の獲得につなげていきました。

インバウンドの現場においても同じです。あの店もしくはホテルはレスポンスが早い、あのスタッフはすぐに対応してくれる。そういった評判は大きなビジネスにつながります。

例えば、ホテルに宿泊の予定についての問い合わせがきた場合。先方が希望する日程が空いていれば、予約を取りましょうかとすぐに返信し、責任者不在などで返信に時間がかかるときは、いつまでには回答すると伝えます。

また、希望に添えないときは、代わりになる案を提案してみましょう。

例えば、希望する日程が空いていなかったら、「空いていません」とそれだけを返信するのではなく、近い日程で空いている日をお知らせするなどの工夫をすると良いでしょう。顧客からの評価を上げるポイントになり、その顧客は、今回はそのホテルに宿泊しなくても、次回はそこに来たいと思ってくれるでしょう。

いずれも迅速であることが重要です。素早い対応は顧客を喜ばせ、SNSなどの評価アップに確実につながるでしょう。

●フォローアップも即時対応！

ここではスピード感のあるレスポンスに、迅速なフォローアップをプラスすることも提案します。

顧客の満足度がグッとレベルアップすること間違いありません。

フォローアップとは、これまでのやりとりや行動を確認し、不足していることを付け加えたり、次のステップに進むための連絡や対応を行ったりすることです。

インバウンドの現場なら顧客の滞在前から始まり、滞在中、滞在後の継続的なサポートや確認などを指します。

例えば、滞在期間が長いホテルの場合を見てみましょう。

滞在前であれば、適切な時期に予約のリマインドメールを送り、館内施設の情報などをプラスし、顧客の満足に配慮します。

滞在中であれば、施設内の快適さに気を配り、要望があれば迅速に対応します。

そして、滞在後、24時間以内にお礼を伝え、滞在中の施設やサービスの感想について尋ねるメールを送ります。

特に滞在後のフォローアップメールが大切です。居心地よく過ごし、サービスに満足したといった余韻があるうちに、フォローアップのメールを出せば、顧客の心に響くでしょう。顧客との良好な関係を築くために大切なことです。

封書やはがきを出すといった手間は、今の時代にはそぐわないでしょう。メールも手間がかかると思っている人もいるかもしれません。

その場合は、ＳＮＳでフォローアップのメッセージを送ってみてはいかがでしょう。海外の人は「ＬＩＮＥ」をあまり使いませんが、ＳＮＳのＤＭやメッセンジャーなどでやり取りできる場合もあります。

重要なのは、顧客に感謝と、再び訪れてほしいという気持ちを伝えることです。そして、そのフォローアップは早いほど効果的なのです。

SECTION 02

Face to Faceでの対話――対面での会話を通じ相手の温度を感じよう

私は、コミュニケーションにおいてFace to Face（フェイストゥフェイス）、対面での対話に勝るものはないと思っています。

対面での対話では、言葉でのやりとりにプラスして、相手の表情やしぐさ、声のトーンといった非言語コミュニケーションからも情報を得ることができ、コミュニケーションの精度がより上がり、相手への理解を深めることができます。

この実戦スキルも私の経験から生まれました。

私はビジネスの場ではできるだけ相手と対面で会って、コミュニケーションをとることを心掛けてきました。

残念なことに、コロナ禍では、実際に会おうと思っても、なかなか難しい状況がありました。

今は、再びコロナ禍前の日常を取り戻しつつあります。

今でもオンライン会議など非対面のコミュニケーションを行うこともありますが、できるだけ国内外の仕事先に出かけて、相手に直接会うようにしています。

その理由は、生身の人間に会った時のほうが、相手から得られる情報が格段に多いからです。対面での対話では、非言語的要素である表情やしぐさなどを自分の目や耳で直接感じ取れるため、コミュニケーションがより豊かになります。これにより、相手の気持ちや考えをより正確に把握しやすくなり、理解を深めることができるのです。

また、相手の元を訪れて一緒に仕事をすることで生まれる空気感があり、それを相手と共有することを大切にしています。同じ空気感を共有することで、仕事を一緒に進める一体感も生まれ、仲間意識も芽生えるからです。

このほかにも、人柄が伝わりやすい、相手に強い印象を与えることができる（覚えてもらいやすい）、その場の偶発的なできごとから新しいアイデアが得られるなどメリットをあげれば枚挙にいとまがありません。

こういったメリットはオンラインでは決して得られないことです。対面での対話はスムーズにビジネスを進める上で不可欠だと、私は考えています。そして、そのことをさまざまなビジネスの現場での経験から学びました。


この対面での対話で、心がけたいポイントがあります。それは「SMART」の原則です。特に「S」スマイル、「R」尊重、「T」感謝がこの実戦スキルに有効です。学んできたことをここで発揮しましょう！　ニッコリと笑顔で相手に向き合い、相手の文化や慣習を尊重し、相手と直接コミュニケーションできることに感謝しましょう。

そうすれば「SMART」の原則のパワーを実感できるはずです。

●こんなシーンで実践！

・フェイストゥフェイスの会話で記憶に残る体験イベント

近年、日本各地でインバウンド顧客向けの体験イベントが開催されています。第1章で紹介したシリコンを使った食品サンプル作りや、茶道・華道といった日本文化など多彩なイベントが開催されています。

こういった体験イベントでよりインバウンド顧客に楽しんでもらい、旅の記憶に残るイベントにするためにフェイストゥフェイスの対話は有効です。

イベントを開催中、参加した外国人の前で一方的に話してはいませんか。一方的に知識をレクチャーするのではなく、参加者との対面での対話を心掛けてください。対話形式のコミュニケーションは、相手の様子を見ながら行う双方向のコミュニケーションとなり、伝えたいことをより深く理解してもらうことができるでしょう。

例えば、大学での講義で教員が一方的に話す形式と、教員と学生がテーマについて議論しながら進める対話形式ならば、対話形式の方が学生の理解度が深いと言われています。学んだことを深く理解し、それについて自身の考えや意見を発言することでさらに学びが深まり、学習への理解度が上がるからです。

体験イベントも文化の学びの場と考えると、対話式の方が参加者もより多くの学びを得られるでしょう。教える講師と参加者が目と目を合わせてコミュニケーションすれば、その場での一体感も生まれ、満足度の高いイベントとなります。

実は、私も外国人向けのお茶やお花を英語で説明する体験イベントに参加したことがあります。

イベントを主催する講師が、生け花のやり方を説明し、実際に実演してみせます。その間、参加者が英語で質問したら、講師が答えるという対話が続きました。知識を得られれば、生け花をより楽しく感じられるようで、イベントの評判は上々でした。

こういった体験イベントを開催してみたいけど、英語が苦手だから対話は難しいと思う人も多いでしょう。

茶道のイベントの場合、茶道独自の精神性〝侘び・寂び〟を英語で説明するのは難しいかもしれません。

そういった場合には、会話に頼らない工夫をしてみてはどうでしょう。補足資料を作るとか、インターネット上の動画共有サービスなどで「侘び・寂び」を英語で説明している動画を見つけ、後で見てくださいと伝えるなどいろいろアイデアはあるはずです。

日本人が、英語での会話で最も苦手と感じるのは、私の観察によると質問されることのように思います。質問されて、それに答えられない自分を嫌だなと思ってしまうのです。

例えば、会議でのプレゼンテーションのように一方的に話しているときはスムーズなのに、「なぜそうなるのか」と問われたとき、その質問がよくわからなかったり、英語でうまく答えられそうになかったりすると、急に押し黙ってしまう人を多く見てきました。

英語の質問がわからなかったら、もう一回ゆっくり言ってくださいとか、もう少し簡単な英語で質問してくださいと言えばいいのです。

体験イベントの現場でも同じです。聞き取れなかったり、意味がよくわからなかったりすればもう一度質問をしてもらいましょう。もう一度お願いしますと相手に伝えることは、まったく恥ずかしいことではありません。堂々と相手に伝えましょう。

ここで発揮するのは第4章で学んだマインドセット「前向きなプラス思考」です。「自分は英語でこのイベントができる」と自分に言い聞かせるのです。

外国人との対面での対話に慣れていなければ、ついつい一方的になってしまうかもしれません。そのときは「前向きなプラス思考」のマインドを自分の中に奮い起こしてください。きっといつもよりずっと顧客も喜び、あなた自身も楽しいイベントになるでしょう。

●インバウンド顧客とのフェイストゥフェイスの会話でもっと日本観光を楽しく

観光スポットでは、地域の情報に詳しいタクシー運転手が観光ガイドとしての役割を担うことがあります。

このタクシー運転手にもインバウンドの波が押し寄せています。挨拶や案内などの基本的な英語を研修することで、フェイストゥフェイスの会話を可能とし、外国人観光客に観光を楽しんでもらおうという試みが行われています。

観光案内所でもフェイストゥフェイスの会話を率先して行えば、案内所を訪れた外国人観光客の満足度をより高めることになるでしょう。

外国人はやっぱり苦手だからと、質問されてもパンフレットを渡すだけだったり、掲示板を指し示したりするだけの対応をしていませんか。それでは訪れた外国人観光客はせっかくの楽しい旅行を寂しく感じてしまうかもしれません。

フェイストゥフェイスの会話が持つさまざまなメリットを理解し、より顧客に喜んでもらえるようなサービスをぜひ実践してみてください。

SECTION 03

事実とデータで判断し決する——現状把握は数字やデータで可視化しよう

「事実とデータで判断し決する」という実戦スキルは、現場でのインバウンド顧客対応とどんな関係があるんだろうと思われるかもしれません。けれども仕事を円滑に進めたり、提案に説得力をもたせたりするには必要なスキルなので、ぜひ、実践してみてください。

ビジネスに取り組んでいるとき、自分が所属している組織に影響を与えたり、顧客との関係に関わるような重大なことを決断したりしなければいけない場面に直面することがあります。

そのときの鉄則は、事実とデータに基づいて判断し、決することです。

事実とデータを根拠とすれば、勘や直観に頼らない客観的な判断が可能となり、誤った判断を防ぐことができます。

データの数字で現状を可視化すれば、どのような対策を取るべきか明確になり、PDCA（計画・実行・評価・改善）サイクルを回しやすくなります。

「事実とデータで判断し決する」は、不確かなものも含めた膨大な情報が行き交う現代社会において成功の鍵であり、個人・組織を問わずより良い結果を得るために欠かせない実践スキルなのです。

堅苦しい話になってしまいましたが、もう少しビジネスの例の話をさせてください。

例えば、あなたの資産運用においてどこかの会社の株式等に投資するとします。的確な投資をするためには、「この会社の現状ってどうなの？」「将来性は？」「売り上げは？」に関して、事実やデータに基づいた客観的な情報を知りたいと思うでしょう。不正確であいまいな事実を根拠にした投資は失敗の元です。

私は、日常的に、仕事をやる上で先方から提案されたり、持ち掛けられたりした案件を判断するときは、必ず、その案件に関する事実やデータを調べることを心掛けています。

また、経営コンサルタントとしての仕事もしているのですが、その際、企業の経営問題を解決するために、その企業の財務諸表をチェックすることは不可欠です。ちなみに財務諸表とは、簡単に言えば、企業の財務状況や経営の成績などをまとめている書類です。

この書類に書かれている数字を見ながら、売上はどうなのか、コストがかかりすぎているところはないかと判断し、その企業にとって必要なことを提案します。

大切なのは、数字という客観的なデータで企業の現状を明確に把握することです。データと客観的な事実に基づいて現状を把握していなければ、どうやって経営を改善したらいいのかという解決策を打ち出すことはできません。また、顧客である企業に説得力のある提案もできないのです。

まずは現状を把握すること。これができて初めて課題への有効な解決策を見つけることができるのです。

企業同士のビジネスだけでなく、インバウンド顧客を対象にしている商売でも「実際に儲かっているのかどうか」を数字で見える化することが大切だと、多くの経営者の方は実感しているのではないでしょうか。

過去の実績や市場データを分析すれば、将来の需要動向を予測しやすくなります。現在のインバウンドマーケットがどんな状況にあるのかは、インバウンドに関連する官公庁が毎年、さまざまな調査を行い、ホームページなどで報告しています。

例えば、国土交通省に所属している観光庁では「インバウンド消費動向調査」、独立行政法人である日本政府観光局（ＪＮＴＯ）が行っている「訪日外客統計」などがあります。

「訪日外客統計」を読むと、なんとなく今月は中国からのお客様が多いなとか、東南アジア系のお客様が増えたなといった感覚的なことが数字で明確に可視化されていることがわかります。

「インバウンド消費動向調査」は外国人観光客を対象にしたアンケート調査ですが、この資料でどの国の人がどんな事柄に多く消費しているのかなどがわかります。

数字や文字ばかりの資料を読むのは、なかなか退屈なものです。ですが、こういった客観的なデータで論理的な判断や的確な予想ができれば、競争が厳しいインバウンド業界においても優位に立つことができるのです。

●こんなシーンで実践！

公的な機関による調査を利用するのもいいですが、私がおすすめしたいのは、実際にその場に訪れるインバウンド顧客を対象にしたアンケート調査を行うことです。

これにより提供している飲食や商品、サービスに対しての満足度や要望を直接、集めることができます。いわば、現場での〝お客様の声〟をデータで可視化できるのです。

例えば、インバウンド顧客に好評なラーメンがあり、そのラーメンのどこが気に入られているのか知りたいとします。味なのか、チャーシューの食べ応えなのか、トッピングの数なのかといった漠然とした顧客の好みをアンケートで可視化することができ、次の商品開発につなげることができます。

また、改善すべき点を知るのにも有効です。店の商品やサービスのどこに顧客が不満を感じているかなどが明らかになり、改めるべきところがわかります。

事実とデータに基づけば、ビジネスチャンスにつながる有効な判断ができるのです。

せっかくアンケートを実施するならば、もっとお客様に来てもらえるようなアンケートにしたいと思いませんか。

このとき大切になるのがマーケティングの視点を持つことです。「来てくださるお客様はどんなところに満足しているのだろう」「どんなサービスが欲しいと考えているのだろう」といった満足度やニーズを探ることを念頭に、アンケートの質問を工夫してみてください。

もちろん実施するだけではダメです。ニーズに応え、より満足してもらえるようなアクションにつなげていきましょう。次に顧客が来店したときに「あれ？この店、以前よりずっと良くなった」と思ってもらえたら、その顧客はその店に何度も足を運ぶようになるでしょう。

アンケート結果を分析すれば、店やサービスの良いところも悪いところもはっきりと見える化されます。なんとなく、漠然とした感覚で改善に取り組むのではなく、分析に基づいた店や商品、メニュー作りを行うことで、的確に顧客を呼べる店作りが行えるのです。

アンケートの実施方法としてはさまざまなやり方が考えられます。

皆さんがホテルなどに宿泊したときに、部屋にアンケートが備え付けてあるのを見たことがありませんか。ホテルのように滞在期間が長い場合は、筆記式のアンケートが可能でしょう。

このようなアナログ式の他に、デジタル技術を使ったアンケートなら顧客もより簡単にアンケートに答えることができます。いくつか紹介しましょう

●QRコードを設置する

レシートや店内のポスターにアンケートにアクセスできるQRコードを掲載します。顧客が注文した料理を待つ間や、退店後の時間が空いているときなど好きな時間にアンケートに答えてもらうことができます。

●無料Wi-fi接続時にアンケートを表示

無料Wi-fiはインバウンド顧客に好評なサービスの一つです。店内の無料Wi-fiに接続するときに、アンケートが表示されるようにして答えてもらう方法です。

● 店内のタブレットを利用

近頃、フードメニューがタブレットとなっており、そこからタッチ注文する店が増えています。このタブレットを利用して簡単なアンケートに答えてもらう方法です。画面をタッチすればできますから顧客の負担も軽くなります。

● SNS等を利用

店舗の公式SNSをフォローしてもらい、SNS経由でアンケートに答えてもらいます。

アンケートを実施する際、多くの人に答えてもらうために、次のようなポイントに気をつけましょう。

・質問は短く。多くて10問程度。内容をシンプルにし、2、3分で答えられる量にしましょう。
・多言語に対応する。IT技術を使えば、多言語対応も簡単にできます。
・インセンティブを付ける。例えば次回来店時に使えるクーポンなどを発行します。得なことがあれば、手間でもアンケートに答えてみようかという動機付けにつながります。

データや事実に基づいたアイデアや企画は実効性が高く、大きなビジネスチャンスに確実につながります。少し手間がかかる部分もありますが、ぜひ、日常の業務に取り入れてみてください。

SECTION 04

5WHYsを使った論理的思考——なぜなぜで真の原因分析しましょう

アンケート調査によるデータで、目の前にある課題がわかり、解決しなければいけないとき、有効なスキルがあります。それが5WHYs（ファイブホワイズ）を使った論理的思考です。

論理的思考と聞くと難しそうだなと思ってしまうかもしれませんが、実践してみるととても簡単で、誰でもできる方法なのに気が付くはずです。

では、5WHYsとはどんな実践方法なのか話していきましょう。

5WHYsとは文字通り、なぜ（Why）を5回繰り返して問題の原因を探す手法です。「なぜその問題が起きているのだろうか」という考えを深掘し、問題が起きる背景や真の原因を探っていきます。なぜなら真の原因がわからなければ、その問題を解決することはできないからです。

この「なぜ（Why）」を5回繰り返す手法は、トヨタ自動車が製造現場での問題解決のために取り入れた手法で「なぜなぜ分析」とも呼ばれています。

このため、どうしてこの手法が生まれたのか、どのように実践するのかについて、トヨタ自動車の話をしながら紹介したいと思います。

この手法はとてもシンプルで使いやすいものなので、ビジネスシーンだけでなく、インバウンドビジネスの現場で外国人観光客にどのような価値を提供し、消費を促すかの作戦作りにとても有効だと考えます。

「トヨタ生産方式」という言葉を聞いたことがある人は多いと思います。

トヨタ生産方式とは、トヨタ自動車が生み出した生産管理・経営手法で、無駄を徹底的に排除し、品質の継続的な改善を通じてより良い製品を効率的に生産するためのシステムです。この方式は世界中で知られ、「カイゼン（Kaizen）」と言う言葉は世界中で通じるほどです。

「なぜなぜ分析」はこの生産方式の中で問題解決の手法の一つとして生まれました。

問題が起きたとき、現場に出向いても「なぜ起きたのか」が必ずしもすぐ目に見えるわけではありません。機械に原因があると考えたのに、実は使っている人に問題があったということもよくあることです。

「なぜなぜ分析」では、「なぜ」を繰り返して問い続けることで、表面的な理由ではなく、本当はどんな原因(真因)でその問題が起きたのかにたどり着くことを目指します。問いを繰り返し、たどり着いた原因が真因であり、その真因を解決することで、その問題の再発を防ぐことができるのです。

基本的なやり方は簡単です。最初に何が問題かを明確にし、それから、その問題に関して「なぜ」を5回繰り返します。

トヨタ自動車では、大体5回繰り返せば、真因にたどり着くとされていますが、5回以上の時もありますし、5回未満で突き止められることもあり、回数はケースバイケースと言えるでしょう。

大切なことは「なぜ」の深掘りをしっかりすることです。1～2回繰り返して、なんとなく原因がわかって安心するのではなく、もうこれ以上は深掘りができないと思えるところまで繰り返しましょう。そうしなければ、真因を突き止められず、有効な対策が打てなくなります。

「なぜなぜ分析」がイメージしやすいように図解してみました（図1）。

この図では問題を「生産ラインが停止した」とし、「なぜ」を繰り返しています。1回目の「なぜ」で見てすぐわかる原因を考えます。その後、2回目に「なぜベルトコンベアが動かなくなったのか」を問いかけて、モーターが焼き付いていたことがわかります。

原因を見つけ、なぜそういった現象が起きたのか問いかけを繰り返すうちに、本当の原因「メンテナンス手順が適切でなかった」にたどり着

なぜなぜ分析（図1）

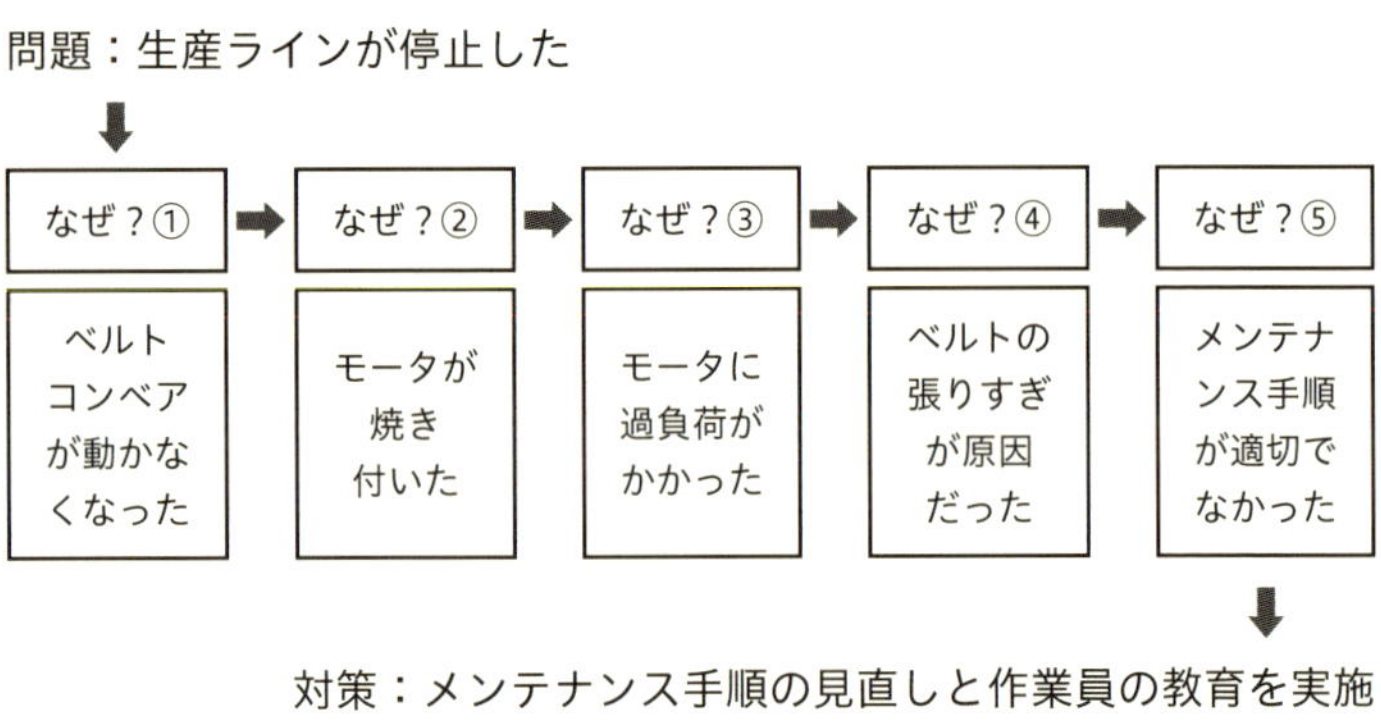

くのです。

真因がわかれば、メンテナンス手順を見直し、作業員にメンテナンスについて教育するといった対策を導き出すことができるのです。

このトヨタ自動車の例を見ていただければ、5WHYs（なぜなぜ分析）の手法はとてもシンプルな構成であることがわかっていただけたかと思います。「なぜ」を5回繰り返していくだけなのです。

私は自動車関連の業界にいたので、このトヨタ自動車の「なぜなぜ分析」が問題の根本原因を探り、解決策を見つけ出すのに有効な手法であるという実例を多く見てきました。

この手法は問題解決を見つける手法としては、とてもシンプルなものです。そのため、いろいろ応用ができます。私自身は私のお客様に対し問題の解決策や新しい提案をするときに使ったりします。

それでは、インバウンドビジネスの現場では、この手法を使ってどんなことができるのでしょうか。実践編で紹介したいと思います。

●こんなシーンで実践！

多種多様な文化や慣習を持つインバウンド顧客に対応しなければならない、インバウンドビジネスの現場では、日々、多くの困りごとがあるでしょう。

これらを解決するのに「5WHYs を使った論理的思考」はとても役に立ちます。

ここでは架空のラーメン店での例を想定して、なぜなぜ分析を行ってみました（図2）。課題は「外国人観光客の利用率が低い」というものです。

それではこの課題に関して5WHYs、「なぜなぜ分析」を行ってみましょう。

このように5回の「なぜ」を繰り返すことで、解決策を導くことができます。

この例のように、日本語のメニューや日本語の案内表示しかなく、外国人観光客にあまり利用してもらえないということは多いかと思います。

なぜ日本語のメニューしかないのか、日本語の案内表示しかないのかを、例を参考にして、

外国人観光客の利用率が低い（図２）

なぜ？① なぜ外国人の利用率が低いのか

➡ 答え：メニューが日本語しかなく、外国人が利用しづらい

⬇

なぜ？② なぜ日本語メニューしかないのか

➡ 答え：外国語対応の必要性を認識していなかった

⬇

なぜ？③ なぜ必要性を認識していなかったのか

➡ 答え：外国人観光客にラーメンが人気であるというニーズを考えていなかった

⬇

なぜ？④ なぜニーズを考えていなかったのか

➡ 答え：外国人利用率が高い競合のラーメン屋の分析が不十分であった

⬇

なぜ？⑤ なぜ分析が不十分だったのか

➡ 答え：インバウンド顧客に対する販売戦略の具体的な作戦が未整備であった

⬇

解決策：英語や中国語などの多言語対応のメニューを導入し、注文システムも外国語に対応。さらに、外国人スタッフを積極的に採用し、店舗内の案内表示を多言語化する

5WHYsで深掘りして真因を探り、解決策を見つけてみてください。

この5WHYsの手法はシンプルで簡単ですが、実践するとき気を付けたいポイントがあります。それは課題をできるだけ具体的に分析し、何を解決したいのかを明確にすることです。また「なぜ」の理由を考えるとき、具体的な答えを見つけることも大切です。

そして、この手法を実践するときには、第4章での「言い訳をしない（他人のせいにしない）」や「前向きプラス思考」のマインドセットを心がけてください。ポジティブな姿勢で問題と向き合うことが、この論理的思考で一番大切となるマインドです。

SECTION 05

5W2Hを使った提案——合理的な提案をしよう

第5章最後の実戦スキル「5W2H（ファイブダブリューツーエイチ）」は、施策提案をするときや、情報を的確に整理する際に有効な手法です。

5つのWは「When（いつ）」「Where（どこで）」「Who（誰が）」「What（何を）」「Why（なぜ）」を表し、2つのHは「How（どのように）」「How much（いくら）」を表しています。この7つの要素を活用してさまざまな情報を整理し、分類し、集約し、さらに論理的な思考を進めるためのフレームワークが「5W2H」なのです。

「5W2H」は施策提案や情報整理だけでなく、新しいアイデアを考えたり、事業計画を練ったり、ビジネスの戦略を立案したりするなどの幅広いシーンで活躍できるスグレものです。

それぞれの要素が持つ意味を見てみましょう。

5つのW

- When（いつ）：期日や期間など時間について

例：いつまでに実施するのか？　スケジュールは？

- Where（どこで）：どこで行うのか、どこで起きているのかなど場所について

例：どこで問題が発生しているのか？　どこで実施するのか？

- Who（誰が）：実行者やターゲット層など人物や企業について

例：誰が担当するのか？　誰がターゲットなのか？

- What（何を）：目的やテーマなど内容について

例：何が問題なのか？　何を達成するのか？

- Why（なぜ）：実施する理由、問題の原因など

例：なぜその問題が発生しているのか？ なぜそれが重要なのか？

2つのH

- How（どのように）：方法や手段など

例：どのように実施するのか？ どんな手段や方法を使うのか？

- How much（いくらで）：費用やコストなど金銭について

例：コストはどのくらいかかるのか？ 予算は？

5つのWと2つのHの順番は活用する内容で異なります。ビジネスにおいては、事実や目的を明確にし（what）、原因や理由を特定し（why）、解決策を考える（who、when、where、2つのH）という順番が多く使われるようです。

例えば、インバウンドビジネスに取り組んでいる業種の場合、新しい製品かサービスを提案するとします。

最初にその製品やサービスを提案する目的や背景を知ってもらいましょう（what）。売り上げをアップするためなのか、不満を感じている外国人観光客に喜んでもらうためなのか。

次に、なぜこういう提案をするのかを明らかにします（why）。不満を感じているお客様が多いから、それを解消したいからなどの理由を示します。

目的と理由、こういうことをなぜするのかといったことを明確にすることで、次のステップに進めます。

その後、いつまでに製品を開発しますか、誰が担当しますか、いつまでに完成させますか、製品を展開する場所はどこにしますか、エリアを限定するのか、全国展開をするのかというように展開していきます。

いくら（how much）の部分ではかかる費用や見込める売上げなどをはっきりさせます。もし金額的なことが不明であれば、数量（how many）に置き換えてもいいですね。

5W2Hの手法を使えば、どんな活動をいつ、どこで誰とするのかといった情報を整理し、具体的な対策を効率よく考え出すことができます。

ビジネスで多く使われる順番

※5つのWと2つのHの順番は活用する内容で異なります

この手法を使う際に気を付けたいポイントがいくつかあります。

まず、情報はできるだけ具体的にしましょう。何を実施する、何を企画するのかを数字や事実に基づいて具体的に示し、その後に続く〝誰が〟や〝いつ〟なども漠然とした人や時期にしないで具体的にイメージが湧くようにしましょう。

例えば、先ほどの新しい商品の企画の例であれば、アンケートでこういう要望が多かったので、こういう工夫をした商品を出したいと提案すると、説得力が生まれます。

もう一つ大事なポイントは〝なぜ〟についてです。〝なぜ〟は提案内容の拠り所になる部分なので、しっかり深掘りしましょう。ここで活躍するのが「なぜなぜ分析」です。

アンケートで外国人観光客からこんな要望があった、この要望がでるのはなぜなのだろうと原因を掘り下げて、根本的な原因を特定します。

この部分をしっかり把握していれば、新しい提案に関して疑問を示されても、説得力のある答えを提示できます。

また、7つの要素のいずれかに偏るのではなく、できるだけそれぞれの要素を網羅しながら考えることも大切なことです。他のメンバーなどに協力してもらいながら、多角的な視点で各要素を見直してみましょう。必要な情報をもれなく網羅すると質の高い提案や解決策を提示できます。

以上の点に気を配りながら、ぜひ自分の考えを整理し、相手に伝える際に、この5W2Hのフレームワークを使ってみてください。

最初は慣れなくて時間がかかるかもしれませんが、このフレームワークができるようになると、グローバル仕事人として力量が一段とアップするでしょう。

こんなシーンで実践!

インバウンド客の需要に応えようとさまざまな取り組みをしている会社に、MKタクシーを運行しているエムケイ株式会社があります。

エムケイは本社が京都にあり、全国8都市でタクシーを運行し、ハイヤーや観光バス、レンタカー、運行管理事業などを運営しています。

ＭＫタクシーは外国人観光客からの評価も高く、世界的な旅行ガイドプラットフォーム「Tripadvisor（トリップアドバイザー）」の「トラベラーズチョイス２０２３」に選出されているほどです。「トラベラーズチョイス２０２３」とは、２０２２年1年間の間に「トリップアドバイザー」に投稿された旅行者の口コミや評価において、一貫して高い評価の口コミを獲得している施設やサービスを選出するものです。ＭＫタクシーの評価の高さが伺えます。私も実際に利用して、きめ細かな案内や、こちらの話題に合わせる話術などドライバーの接客能力の高さに驚きました。

このＭＫタクシーでの付加価値を上げるためにインバウンド客向けの施策としての取り組み提案を５Ｗ２Ｈのフレームワークの視点で説明してみたいと思います。

まずはわかりやすく図解で示してみました（図3）。

国際観光都市である京都では、早くからインバウンド客対応ができるタクシードライバーが求められていました。ＭＫタクシーでは、この需要に応えるために、１９９２年から英語での接遇ができるドライバーの育成のため、年に一度イギリスへの短期語学留学に派遣する制度を始めたのです。

高まり続けるインバウンド需要に対応するため、2015年からこの制度をさらに拡充しました。英語に加えて中国語を追加し、「海外研修制度」として制度を広げ、外国語で接遇できるドライバーを養成しています。MKタクシーでは、こうしたドライバーたちをESD（English Speaking Driver）・CSD（Chinese Speaking Driver）と呼び、その育成に力を入れています。

その取り組みを5W2Hのフレームワークに入れると図3のようになります。目的が明確に

MKタクシーでインバウンド客向けの施策（図3）

背景：訪日外国人の増加に伴い、言語の壁による観光案内の質の低下が課題となっており、それを解決するためには多言語対応ドライバー育成が喫緊の課題である

Why（なぜ）	インバウンド需要増加に対応する接客での、外国人観光客の満足度向上
What（なに）	英語や中国語で観光案内含む接客ができるドライバー育成
Who（だれ）	MKタクシーのドライバー
When（いつ）	2015年から実施開始
Where（どこで）	京都を中心とした主要営業所
How（どのように）	ネイティブ講師によるサロン型の勉強会や海外留学制度を通じた語学力を強化
How much（いくら）	研修費用や留学費用等年間数千万円規模の教育投資

なり課題解決を達成するための具体的な内容が整理され、どんな取り組みなのかがわかりやすくなります。

5W2Hのフレームワークを使えば、課題や目的が明確になり、必要な情報が盛り込まれ、効率的な課題解決やスムーズな業務遂行につながります。

シンプルで簡単なフレームワークなので、ぜひ実際の業務に取り入れてみてください。

CHAPTER

06

世界で通用する
グローバル仕事人を
活用・成長
させるには

SECTION 01

組織の中で密度の濃い信頼関係を構築しよう

第6章では応用編として、学んできたグローバル対応の実戦スキルセットをチームの中でいかに成長させるのか、いかに発揮できるのか、マネジメント視点を取り入れながら、グローバル仕事人とチームについて具体的に紹介していきます。

世界で通用する仕事術を身に付けたとしても、1人ではできる仕事が限られてしまいます。もっと大きなビジネスに取り組み、利益を獲得するためには、チームの中でその力を発揮する必要があり、マネジメントする側もその人材をチームの中で生かさなければ、宝の持ち腐れになってしまうでしょう。

私は、新たなスキルを身に付けた人材が組織の中でモチベーションを高めて、自分の成長を遂げ、組織も成長していくような環境作りが大切だと考えます。

昨今、「人」こそが企業の未来をつくる資本（財産）だという認識のもと、企業は従業員に「投資」を行い、その能力を高め、企業価値を向上させていく「人的資本経営」にシフトしつつあります。「人材」を「人財」と位置づけて運営を行う企業が増加傾向にあります。これは私がお話しする環境作りの重要性が浸透しつつある現れだと思っています。

もっと成長したい、活躍したいと、グローバル対応のために頑張っている個人がそう思える環境があってこそ、組織の成長も持続可能なものになると思うのです。

もしあなたが職場のマネージャー的なポジションにいれば、グローバルに活躍できる人材をどう生かすかの視点で、もしあなたがグローバル人材になろうと努力を重ねてきた人なら、チームで仕事をしていく中で自分をどう成長させるかを一つ高い視座・視点で、本章の内容を実践してみてください。

まずは、強いチーム作りの話をしましょう。

より強いチームを築くためには、密度の濃い信頼関係を築くことが大切です。では、それはどういった信頼関係なのか、どうすれば築けるのかなどを詳しく見ていきましょう。

密度の濃い信頼関係とはどんな関係なのでしょう。それは透明性と論理性、公平性が構築された関係です。

透明性とは情報を隠蔽しないこと、論理性とは指示や説明が合理的で一貫していること。公平性とは常にチームの誰とも中立な関係を維持していることを意味しています。

この3つが実現できている組織であれば、チーム内のメンバーに強い絆が生まれ、高いチーム力を発揮できるでしょう。

では、こういった信頼関係を築くにはどうしたらいいのでしょう。方法はさまざまにあると思いますが、私は3つのことを提案したいと思います。

まずは、上司とスタッフとの定期的な1対1ミーティングの実施です。1対1ミーティングでは、第5章－2の『Face to Faceでの対話』で語った顔を突き合わせての会話での強みが発揮されます。

相手の雰囲気を察するなど非言語的要素から多くの情報が得られたり、一緒に仕事をしている仲間としての意識も高まったりするなどのメリットが対面での対話にあると話しました。このメリットはチーム内の信頼関係を深めるのに有効でしょう。

また、定期的なミーティングを実施することで、日常業務では伝えにくい情報や意見などが交換でき、相互理解を深めることができます。一人ひとりの成長を確かめて、次のキャリアアップへの道筋を立てることができれば、スタッフのモチベーションにつながるでしょう。

マネジメント側と現場のスタッフが積極的にコミュニケーションを行うことは、信頼関係の構築に重要です。

2つ目は仕事における意思決定権の裁量を付与することです。チームで1つのプロジェクトに取り組んでいるとき、「ここはあなたに任せます」というようにそのスタッフの能力と経験に応じた適切な裁量を与えることが大切です。

メリットはたくさんあります。自分の意志で決定できることが増えれば、やる気が向上するでしょうし、そこから柔軟な発想やアイデアが生まれてくるかもしれません。いちいち上司の許可をとることなく、現場判断で進めることができれば仕事もスムーズで顧客のニーズにも即応できます。

あなたがマネジメント側の立場なら、小さな規模からでいいので権限を与えてみてください。組織全体のパフォーマンスが向上し、柔軟な職場環境の実現に有効だとわかるでしょう。

最後はオープンなコミュニケーションを浸透させることです。チームのメンバーが立場の上下も関係なく、率直に意見を交わし、成長や改善につながるコミュニケーションができている環境を意味します。つまり風通しの良い組織になるということです。

そういった環境になれば、良いことも悪いことも包み隠さず話し合うことができ、それにより相互理解を深めることができます。

良いことは互いに喜ばしいですが、悪いことは言いたくないし、聞きたくなかったりします。しかしながら、悪いことこそ隠ぺいせずにきちんと伝えなければなりません。都合の悪いことを隠し続けている組織は、いつかは崩れてしまうからです。

マネジメント側はどんなことでもいいやすい環境を作ることを心掛けましょう。また、スタッフ側は批判でなく、改善するために必要なことだというポジティブな意識を持って、意見を伝えるようにしましょう。なぜなら組織の風通しが良く、心理的安全性が担保されると、一体感が生まれ、組織力が強まり、成長していることへの実感が生まれます。そうなると、そこで働く人々もハッピーになれるからです。

密度の濃い信頼関係を築くために必要な3つのことについて話してきました。この3つのことを実施するために有効なスキルがあります。それは「SMART」のコミュニケーションサクセスの5原則です。

「SMART」はグローバルコミュニケーションだけでなく、すべてのコミュニケーションの基礎です。ぜひ第3章の内容を振り返りつつ、職場の皆で取り入れてみてください。ここで提唱した強いチーム作りの手法と並行すれば効果がより高まります。

信頼関係はチームの力強さのベースです。しっかり信頼関係があるからこそ、お互いが自分のやるべき仕事で力を発揮できます。提案した3つのことを実施して、価値を生むチーム作りを目指してください。

取り組む業務の規模が大きくなったり、期間が長くなったりすれば、チームにはさまざまな立場の人が加わることになるでしょう。そのような場合に気を付けたいことがあります。それは、メンバーのベクトルが一致し、同じ目標に向かって、メンバーそれぞれが考え、行動ができているかどうかということです。

誰か1人でも皆と違う方向を向いてしまったら、チームの力が分散され、力を弱めてしまいます。

では、チームのベクトルを合わせるにはどうしたらいいのでしょうか。

私が推奨したいのは、チームで何かに取り組む前にキックオフミーティングを実施することです。

リーダーが把握している取り組みの目的を明確にし、全体像をメンバー全員で共有し、チームで目指すべき目標を全員で確認しましょう。

もちろん、こういった全体ミーティングを適時、実施し、目的を再確認することも重要です。

密度の濃い信頼関係のあるチームは、スポーツでも良い結果を出すように、ビジネスでも期待以上の成果を上げる事実を私はこれまで何回も見てきました。グローバル仕事人と、その仕事人を生かすチームで生産性を向上させ、働くスタッフの満足度をアップさせてください。

SECTION 02

英語を継続して勉強しよう

組織またはチームの中でもっと働きたいというモチベーションを起こさせるには、スタッフがそこで成長できると実感することが大切です。

ここでは英語の勉強をテーマにして、組織がいかにスタッフの成長をサポートできるか、またスタッフ自身は自分の成長が組織にとって有効であるかについて話してみたいと思います。

本書では何度か英語の必要性について話をしてきました。

英語はツールにしか過ぎず、決してネイティブ並みに話せなくても、中学生レベルの英語力で十分に伝わると私は思っています。

近年、日本へは世界中から観光客が訪れています。本来ならば、何カ国語も使えればいいのですが、そういった人材は日本で確保するのは非常に困難です。

リンガ・フランカという言葉があります。母国語が異なる人々が共通で使う言語という意味です。時代によって変遷はありますが、現代では英語がリンガ・フランカ、世界共通語と呼べるでしょう。ビジネスや国際政治の場、そして旅行や観光の場でも圧倒的に多くの人々が英語を使っています。

つまり、何カ国語も話せるようになるのは無理でも、英語を勉強しておけば、多くの外国人観光客とコミュニケーションを取ることができると考えられます。実際、私は今までに数多くの国の人々とビジネスをしてきましたが、英語ができれば最小限のコミュニケーションには困りませんでした。

グローバル仕事人として、さまざまなスキルやマインドセットを身に付けてきたのですから、さらにインバウンドの現場で役に立つコミュニケーションを目指して、日々、英語に磨きをかけましょう。

高度な英語スキルは必要なくても、自分の意志が伝えられるような簡単な英語表現を学んだり、使える単語の数を増やしたりするだけでグンとコミュニケーションの幅が広がります。

組織として英語の能力向上を支援する環境があれば、スタッフのやる気につながります。

例えば、第1章、〝グローバル仕事人〟の強みで例に挙げた六本木の瀬里奈本店（43Ｐ）や、第5章、「5W2H」の話題で例に挙げたＭＫタクシー（177Ｐ）のように、インバウンドビジネスに関係するホテルや飲食店、サービス業で英語研修の機会を設けている企業が増えています。

そういった会社では、社員が英語を学習する際にその費用を支援したり、社内で継続的な語学研修を行ったりするなど、会社が率先して英語を学べる環境づくりを行っています。

会社の上層部の判断が必要になってくるかもしれませんが、海外で開催されるインバウンドビジネスに関する展示会にスタッフを派遣することもいい経験になるでしょう。

展示会にはホテルのホスピタリティに関するものや飲食に関するものなどさまざまなスタイルがあり、各国から同じ目的を持った人々が集まります。展示を見るだけでなく、交流することからも学びを得ることができるでしょう。

展示会でさまざまな海外の情報に触れたスタッフが、自社でインバウンド対応に関して新しいアイデアを提供してくれるかもしれません。

組織が従業員に海外での経験をサポートする例として、大分県別府に杉乃井ホテルの例を紹介しましょう。

ここでは働き方改革の一環として、ホテルを休業して全従業員が10日間連続で休みを取ります。この連休中に希望する従業員にはシンガポールやマカオなど海外のホテルを視察する5日間の研修旅行を実施し、費用の一部を会社が負担しています。

海外で顧客側に立ってサービスを受ければ、顧客視点でのサービスのニーズをつかむことができ、日本でのインバウンド顧客へのより良いサービスに反映できます。また、会社が支援する海外研修旅行の実施は、そこで働くスタッフのモチベーションを大いに高めるでしょう。

この項の最後に個人でもできる英語学習のちょっとしたコツを紹介したいと思います。

●英語の映画、ニュース、ドラマを英語字幕で見る

この方法は実際私が英語を勉強したときに使った方法です。映画やドラマが好きな人は英語の映画やドラマで、海外の時事問題に関心があればＢＢＣやＣＮＮといったニュースで、スポ

ーツが好きな人はスポーツニュースで。自分が興味のあるジャンルの映像を使えば、楽しみながら英語を勉強できます。

そのときの秘訣は字幕を英語にすることです。日本人は英語のヒアリングが苦手とよく言われます。日本では長い間文法重視の英語教育が行われてきましたし、国内で暮らしていると、意識しないと英語に触れる機会はありません。

英語には、英語ならではの発音がありますし、英語を母国語にしている人たちは話すスピードがとても速く、耳が慣れていないと聞き取るのは難しいと思います。

そのため、英語字幕で実際の英文を見ながら音を聞く方法であれば、英語が理解しやすくなり、英語力のアップにつながります。

●インターネット上の音声コンテンツや動画配信サービスを使う

「Podcast」と呼ばれる音声コンテンツを配信するサービスや、「YouTube」などの動画配信サービスでは無料で英語が学べるコンテンツが多数あります。

これらのサービスが便利なのは、スマートフォンがあればいつでもどこでも英語を勉強することができることです。

自分のレベルにあったコンテンツを選ぶことができますし、相性の良い先生を選ぶこともできるでしょう。

また、何度でも聞き直す、または見直すことができるのも大きなメリットです。言語学習には反復が有効と言われています。一度聞いただけではよくわからなくても、繰り返し聞くことでわかるようになり、記憶にも定着していきます。

●生成AIを使って英語を勉強する

最後に「ChatGPT」に代表されるような、進歩が目覚ましい生成AIを使った勉強方法を紹介しましょう。

「ChatGPT」は正確には生成AIを使ったチャットサービスです。このチャット機能を使った勉強のメリットは〝読む〟〝聞く〟だけでなく、〝書く〟〝話す〟といったAIによるチェックやアドバイスが入る対話形式の学習が行えることです。

例えば、英語で表現したいことを自分なりに作成し、「ChatGPT」に投げかけると即座に自然な英文に直してくれます。

また、使ってみたい英語表現や新たに覚えた単語があるとき、例文を10個ぐらいあげてほしいと言えば、こちらもすぐに応答してきます。その中から使いたいものだけを選ぶことができます。

これは英会話学習でも同様です。「ChatGPT」の音声機能を使えば、英会話についても学習することができます。

自分が話した英会話をより自然な文章に直してもらったり、レストランやホテルといったシーンを決めて、会話を交わしたりすることができます。

この対話式の生成AIを使った英語学習も前述の音声コンテンツや動画配信サービスと同様に、都合のいい時間・場所で勉強できます。ぜひ試してみてください。

SECTION 03

色々なことに挑戦し失敗から学ぼう

私は人が成長するには挑戦と失敗を通じて学ぶことがとても重要だと思っています。組織の中でグローバル仕事人が成長するためには挑戦と失敗の体験が重要です。

第4章で話した「前向きのプラス思考」のマインドセットを持つ人材であれば、新しいことに挑戦したいと考えるのは自然なことです。これまでにないことに挑戦する場合、取り組む中で困難を感じたり、失敗したりすることもあるでしょう。

この困難や失敗こそ成長するチャンスと考え、次のステップに進むための教訓を得るプロセスと考えましょう。

挑戦し、失敗から学ぶとき、マネジメント側の方にぜひ実践してもらいたいスキルがあります。「SMART」の「Applause」です。失敗をポジティブに捉え、挑戦したことを賞賛し、失敗を成長につなげ、ポジティブスパイラルの輪を広げていきましょう。

スタッフ側の方に実践していただきたいのが、失敗から教訓を引き出し、成長の糧とする際に役立つPDCAというフレームワークの活用です。

PDCAとは多くの企業で業務効率化や業務改善のために取り入れられているフレームワークです。計画（Plan）する、実行する（Do）、チェックする（Check）、改善する（Action）の頭文字をとってPDCAといいます。

新しいことを計画し（Plan）、実行し（Do）失敗してしまったとします。失敗した結果を「どうして失敗したんだろう」「なぜうまくいかなかったんだろう」と検証（Check）すると、その原因が明らかになります。失敗の原因がわかれば、「違う手法を取り入れてみよう」といった改善策（Action）を考えられます。そして、改善策を実行するために計画（Plan）を立てていきます。

このようにPDCAのプロセスを循環させていけば、目標が明確になり、次にやるべきことが見えてきます。失敗してしまったと思ったら、落ち込まずにこのフレームワークを活用して次のステップに進むようにしましょう。そうすれば、必ず失敗を成長につなげることができます。

インバウンドビジネスにおける挑戦と失敗の具体例を下記にあげてみました。実際に自分が担当したらどうするだろうと想像しながら読んでみてください。

また、マネジメント側の方は、スタッフが次のような挑戦をし、失敗してしまったとき、「SMART」の「鼓舞」「称賛」のスキルを思い出して、スタッフの成長を見守っていただければと思います。

●外国人観光客向けメニューやサービスの不適応

チャレンジ：訪日外国人が急激に増えてきたので、外国人向けにもメニューを作ろうと考えた。

失敗：外国人向けメニューを作ったが、日本人向けメニューをそのまま英訳しただけで、料理にどんな素材が使われているかなどの表示がなく、宗教上食事に制約がある人やベジタリアンの人は、どの料理を食べていいのかわからず、かえって混乱してしまった。

また、健康に意識の高い外国人であれば、食事のカロリーを知りたいと思うのに、メニューにはその記載がなかった。

学びと改善：単純に日本語のメニューを外国語に翻訳するだけでは、訪日外国人のニーズに応えられない。メニューにどんなことを記載してほしいのかといった要望をアンケートなどで具体的に探り、そのニーズに沿ったメニューを作っていく。

●SNSプロモーションの失敗

チャレンジ：インバウンド顧客へのプロモーションにはSNSが有効と考え、店舗の公式SNSアカウントを取得し、運用を開始した。

失敗：店舗に関するさまざまな情報をアップしてみたが、海外からの反応があまりなく、フォロワーも増えない。

学びと改善：どうして反応がないのか原因を考えてみる。そのために海外からの反応が多数あったり、フォロワー数も多かったりするアカウントがSNSでどんな工夫をしているのか分析してみる。例えば、ハッシュタグの付け方を工夫するなど効果的と考えたことを投稿の際に実際に取り入れる。

●観光地のオーバーツーリズムによる地元住民との摩擦など

チャレンジ：外国人観光客が増えた観光地。夜遅くまで営業している店が少ないので、営業時間を延ばし、需要に応えようとした。

失敗：地元住民から「夜遅くまでうるさい」と騒音に関してのクレームが寄せられた。

学びと改善：せっかく繁盛しているのだから、地元住民との関係も大切にしたい。店のドアや窓の防音性を高めるなどの防音策を試みる。またクレームを寄せてきた住民とコミュニケーションをとり、共に解決策を考える。

いくつかの例をあげてみました。日本人は先回りして心配する人が多いように思います。「こんなことしたら、こういう失敗をするかもしれない」と思い、せっかく考えたことを実行せずに終わってしまうのは残念なことです。

考えることは大切です。さらに大切なのは実行することです。なぜなら考えただけで何も実行しなかったら、「アイデアがなかった」こととイコールになってしまうからです。考えているだけでは何の結果も生み出さないのではないでしょうか。

アイデアを考えて実行したら、うまくいくこともあるでしょうが、失敗することもあります。失敗すれば、何が問題だったのか考え、そこから解決策を見つけることができます。それは自分自身の学びにつながるでしょう。その学びを積み重ねていけば、自身を成長させることができると私は考えます。

SECTION 04

顧客とのフェイストゥフェイスの対話で困りごとを聞いて解決策を考えよう

ここでは、チームの中でグローバル仕事人を活用することで、組織全体の利益につながり、スタッフ自身もやりがいを見出すことができるという話をしてみたいと思います。

第3章の「ＳＭＡＲＴ」や第4章、第5章の「訪日客が泣いて喜ぶ満足度１２０％の仕事術」としてのマインドセットやスキルセットを身に付けた人であれば、コミュニケーション力や仕事力が各段に向上しています。それらの能力を発揮する場所があります。それは顧客と直接、顔を合わせて対話して課題を把握し、解決することができる現場です。

コミュニケーション力や仕事力は、対顧客の現場でこそ力を発揮でき、そしてそこでの経験を通して顧客視点の考え方を体得していくことで、さらに力を増すことができます。

現場でインバウンド顧客とフェイストゥフェイスの対話していくことのメリットを2つあげたいと思います。一つは察する力が身に付くことです。

第2章でハイコンテクスト文化とローコンテクスト文化についての話をしました。ハイコンテクスト文化とはコミュニケーションの際、言語以外の非言語的表現に依存する文化で、一方、ローコンテクスト文化では言語を重視します。

例えば、ハイコンテクスト文化の日本人は、その場の空気や言葉のニュアンスなどで相手の困りごとを察することができます。しかし、ローコンテクスト文化の人たちは、直接、対話をしなければ、分かり合えないところがあります。

インバウンド顧客が困っている様子を見かけたら、「なぜ困っているんだろう」と推測する前に、ぜひ、培った「SMART」のスキルを活かして、積極的に話しかけて、困りごとを尋ねてみましょう。

現場でインバウンド顧客とフェイストゥフェイスで会話する経験を積んでいくと、顧客が何を考えているのかを理解する、顧客視点が身に付いてきます。

最初はなぜ困っているのか全くわからなかったことも、直観的にこんなことで困っているのではないか、困っているからこんな行動をとるのではないかといった予測ができ、行動できるようになっていきます。

こういった行動をプロアクティブな行動と呼びます。プロアクティブとは、問題が発生する前に起こることを予測して、主体的に行動することをいいます。反対の行動をリアクティブと呼びます。問題が起こってから行動することです。

「顧客から言われたから行動する」「上司に指示されたから行動する」という態度では、第2章の「指示待ち」で話したように、インバウンド顧客から「なにもしてくれない」人たちと思われかねません。

身に付けた顧客視点で困りごとや要望を察して、それに対して行動を起こしてみてください。きっとインバウンド顧客から高く評価されるでしょう。

もう一つのメリットがインバウンド顧客のニーズを把握できることです。ニーズを知るのに一番良い方法は顧客の意見や感想を直接聞くことです。

そこからニーズに沿った解決策が生まれ、その策を実行することで、顧客が満足する商品やサービスを作っていくことができます。また、ニーズが明確になることで、既存の商品やサービスを改善するアイデアも湧いてくるでしょう。

顧客との対話を通じて、ニーズが見えてきたら、さらに「なぜなぜ分析」で潜在的なニーズを探ります。そのようにして潜在的なニーズを把握できれば、新しい商品やサービスを開発したり、既存のものをブラッシュアップして、レベルアップしたものを提供したりできるようになります。

顧客のニーズにあった商品やサービスを提供できれば、それらを生産・提供している企業や組織の目標達成につながるのです。

フェイストゥフェイス対話による2つのメリットの実例をあげてみましょう。

まずは〝察する力〟についてです。

私の知人に国内でも名の知られたビジネスホテルに勤務している人がいます。そのホテルでは分厚いインバウンド顧客対応のためのマニュアルが用意されています。ホテルでの業務はこのマニュアルが基本となりますが、外国人のお客様にとても喜ばれているスタッフとそうでないスタッフがいると言うのです。

その違いは何だろうと彼が観察してみると、外国人客に好評なスタッフはマニュアルに書かれていないことにも適切に接客対応しているのだそうです。つまりマニュアル以上のこと、顧客の期待値を上回るような対応ができていたということになります。

顧客対応のサービスといったソフト面はなかなかマニュアル化できるものではありません。本書で話してきた「SMART」やマインドセットを学び、グローバルコミュニケーションができるようになれば、マニュアルに書かれていないことに対応しなければならなくなっても、慌てることなく機転をきかせ対応できます。マニュアルを超えたサービスが提供できれば、顧客満足度も確実にアップすることでしょう。

もう一つの「ニーズを把握し、解決策を提案する」の例です。

インバウンド顧客向けに好評なサービスに体験イベントがあります。第5章で、この体験イベントではフェイストゥフェイスの対話が重要という話をしました。対面で対話しながら、イベントを進行することで顧客満足度を高めるという話です。
フェイストゥフェイスの対話を進行時だけでなく、終了後もぜひ実施してみてください。「今日のイベントはどうでしたか」「もっとやってみたい体験はありませんか」と顧客に話しかけて対話すれば、行ったイベントのリアクションを直接、得ることができます。
フェイストゥフェイスの対話から得られる情報は、記入してもらうアンケート以上のフィードバックがあるはずです。

「待ち」の姿勢でいるのではなく、積極的に顧客に対してアクションを起こしていくことが重要です。直接、顧客と接することで養われる〝顧客視点〟は、例え業種が違ってもインバウンドビジネスにおいて、大きな武器になるでしょう。

マネジメント側はスタッフに積極的に機会を与えるようにし、スタッフは果敢にチャレンジしていきましょう。そのとき、両者が共に心がけたいのは「SMART」のコミュニケーションサクセスの5原則です。「SMART」があれば、より大きな効果を生むでしょう。

SECTION 05

インバウンドビジネスにおける新規事業企画を提案しよう

ここでは、主にマネジメント視点で〝仕事を任せる〟ということについて話します。仕事の規模に関係なく、その裁量を与える、すなわち自分の判断で業務を進められることはスタッフのやりがいに繋がります。また、その仕事を遂行するプロセスで多くのことが学べ、成長できます。

私が体験した例を紹介しましょう。

チームを組んでプロジェクトを行う際、私はマネジメント側の立場にいました。その際、基本的に現場のスタッフに積極的に仕事を任せるようにしていました。任せると「この仕事をやっていくのは自分だ」と主体的に取り組むようになるからです。

そうするとスタッフのモチベーションが上がり、仕事の成果も目に見えてアップしたのです。

自分事になれば、人は一生懸命、仕事に取り組むということが、多くのプロジェクトチームを率いてきた私の実感です。

このとき心がけていたのは、チームの失敗、もしくはプロジェクトの失敗の責任は、任せたスタッフではなく責任者である私が取るということです。そのため、スタッフがどの方向に向かって仕事を進めているのか、進捗状況はどうなのかをさりげなく確認しながら見守りました。そして、本プロジェクトの責任をとるのは任されたスタッフではなく、責任者の私であると伝えることで〝報連相〟（報告、連絡、相談）が活発に行われて、コミュニケーションが密になり、プロジェクトが上手く回りました。

〝任せる〟とは単純に仕事を丸投げすることではありません。スタッフの成長を促しながら、「Applause」のスキルで成功したらよく頑張ったねと、失敗したら次回頑張ろうねと伝えることが大切です。

これは自分やスタッフのためだけではありません。仕事から学びを得てスタッフが成長すれば、会社としてのメリットはとても大きいと考えているためです。

インバウンドの現場でもグローバル対応を学んできたスタッフにさまざまな仕事を任せてみてください。せっかく「ＳＭＡＲＴ」やグローバルコミュニケーションのマインドセットを学んでも、自分事として生かさなければ、せっかくの知識が埋もれてしまいます。

グローバル仕事人となった人材の能力を発揮できる業務として、任せることを提案したいのが、新規事業の創出です。日々、インバウンド顧客に対応し、経験を積んでいるスタッフならではのアイデアを生かすことができますし、任されたスタッフはやりがいを感じ、自分事としてその事業の実現に取り組むでしょう。

例えば、インバウンド顧客を対象としたイベントを発案し、実行するとします。アイデアに自分の経験を生かし、実際にイベントを運営するときには参加した外国人観光客と対話しながら、イベントを進行できます。イベント終了後は、参加者と交流し、適切なフィードバックを得られるでしょう。

マネジメント側に立つ方は、スタッフの成長と組織の目標達成のために思い切って任せてみてはいかがでしょうか。

この新規事業として勧めたいのが、近年注目を集めているコト消費のビジネスです。コト消費とは、商品やサービスを通じて得られる体験や経験を重視する消費行動です。

少し前まではインバウンド顧客といえば〝爆買い〟に象徴されるようなモノ消費が中心でしたが、今はコト消費にシフトしていると言われています。

観光庁の「訪日外国人旅行者（観光・レジャー目的）の訪日回数と消費動向の関係について」という調査によると2019年の時点で日本に2回以上訪れたことがある訪日外国人旅行客は、全体の6割近くになります。

つまり、大半の外国人観光客は、有名な観光地、東京の浅草や京都の清水寺などはすでに訪れてしまっているのです。次は、名所旧跡を見て回るより日本文化に触れたり、体験したりしたい人たちが増えていると予測できます。

私が海外で外国人たちと交流していると、彼らが日本文化にとても興味を持っているのがわかります。そういった日本文化を体験できるツアーをいくつか紹介しましょう。

●茶道体験ツアー：茶道の基本と心の交流を学ぶ

抹茶は、今や、世界中で人気を集めています。アメリカ・ニューヨークでも続々とお茶の専門店が登場するほどです。

このように人気を集めている抹茶ですが、茶道への理解が進んでいるわけではありません。抹茶本来の飲み方や、茶道の所作、そして茶道のルールやマナーの背景にはこんな日本独自の文化があるということを伝えるツアーがあれば、日頃愛飲している抹茶ラテの抹茶の背景にはこんな文化があるという学びがあり、抹茶の楽しみをさらに深めることができます。

●書道体験ツアー：自分の名前や好きな言葉を漢字で書く

インバウンド顧客に人気のある日本の伝統文化体験ツアーの一つが、書道と聞くと驚かれる方がいるかもしれません。

その人気の理由は漢字にあります。表音文字文化の欧米人から見ると、表意文字の漢字は見た目が美しく、一つ一つに意味があるところなどが興味深いと感じているようです。

実際、漢字をプリントしたTシャツや漢字をモチーフにしたアクセサリーを身につけている外国人たちを映画やドラマなどで見たことがあるでしょう。そうした漢字への興味が書道につながるようです。

●華道体験ツアー：季節の花を使った日本の美意識体験

欧米にも花を使って空間を飾るフラワーアレンジメントがありますが、使う道具も花を飾る美学も違う華道をおもしろく感じているようです。

華道にはどんな背景があるのか、なぜ日本の華道とフラワーアレンジメントは花の生け方が違うかといったことを体験し、学べるツアーはとても人気があります。

●座禅体験ツアー：禅の精神と自己を見つめる時間

禅は世界的に有名で、座禅が体験できるツアーは訪日外国人観光客にとても人気のあるツアーです。

Ａｐｐｌｅ社の創設者であるスティーブ・ジョブズが禅の修行をしていたことは有名な話で、彼の禅の師匠は日本の僧侶だったと言われています。

このエピソードからも分かるように、日本を訪れて座禅を体験したいという外国人は多く、英語で案内できる僧侶も増えてきています。

●食品サンプル作り体験ツアー：日本独自の文化に触れる

茶道や華道といった日本の伝統文化ではありませんが、訪日外国人観光客に人気の体験ツアーがあります。飲食店の店頭などに陳列されている料理の模型、いわゆる食品サンプル作りの体験です。

海外にはこういった料理模型を作る文化はなく、本物そっくりに精巧に作られた模型は、日本を訪れた多くの外国人観光客が驚きます。

この食品サンプル自体をお土産として購入する人も多いのですが、サンプル作りを体験できる教室も人気があります。本物の料理そっくりのサンプルを自ら作り、アクセサリーやキーホルダーに加工すれば、思い出作りとお土産の一石二鳥を兼ねるツアーになります。

また、通常の料理のサンプルを作るだけでなく、マンガやアニメに出てくる料理、マンガ飯やアニメ飯と呼ばれるもののサンプルを作るのも、昨今人気を集めています。

日本独自の食品サンプル作りも日本文化を体験する格好のテーマと言えるでしょう。

いくつかの案を紹介しました。参考になれば幸いです。

SECTION 06

ＳＮＳ情報発信（コンテンツ、お得情報等）で持続的に顧客とつながる

最後はマネジメント視点での〝仕事を任せる〟というテーマの続きとして、ＳＮＳ運用を任せてみようという話です。そして、参考までに私が海外での交流を通して知り得た、地域別によく利用されるＳＮＳについても紹介したいと思います。

インバウンドビジネスにおいて、今や、ＳＮＳは集客のツールとして欠かせない存在です。観光庁が発行している「訪日外国人の消費動向 ２０２３年年次報告書」によると、役に立った情報源として、１位が「動画サイト」（35・2％）、2位が「ＳＮＳ」（32・5％）となっており、訪日外国人へアプローチする有効な手段なのがわかります。

ＳＮＳではターゲットに向けて情報を発信することで効率的なマーケティングが行え、また

フォローアップに活用し、顧客が帰国した後に囲い込むこともできます。

このようなSNSの運用をグローバル人材に任せてはいかがでしょう。任されたスタッフは自身を成長させることができ、仕事へのモチベーションも高まります。また、ビジネス的な観点からも、グローバルコミュニケーションを学んだ人材ならではの効果的なSNSの運用は大きなメリットになります。

例えば、単純に商品やサービスを紹介するのではなく、実際にインバウンド顧客と対応した経験を生かして、より顧客の嗜好やニーズに応えた紹介を行うことができるでしょう。そういったターゲットを絞って発信した情報は、SNSを情報源にしている人たちにより効果的にアピールできます。

また、すでにその商品を購入したり、サービスを受けたりしたことがある顧客なら、「あのとき会話したスタッフが発信している」とSNSでの情報発信により親近感を持って接することでしょう。こうしたやりとりが続けば、そのスタッフへのファン、ひいては店舗や施設へのファンを増やすことにつながるのです。

個人としてではなく、組織の顔として企業公式SNSを運用する際には、気をつけなければいけないことがあります。一つは発信した内容がコンプライアンスに抵触していないかどうかです。

コンプライアンスは法令遵守のことを指し、個人や企業が法令や社会ルールを守ることを意味しています。この中には個人情報の漏洩やプライバシーの侵害、著作権の侵害なども含まれます。

SNS運用前に社内でガイドラインを作成したり、情報発信のルールを決めたりすることなどでコンプライアンス違反を防ぐことができます。

また、アップする情報に嘘偽りがないようにすることも大切です。当たり前のように思われるかもしれませんが、顧客にアピールするためについつい料理をいつもと違う盛り付けにしたり、背景に移る景色を加工したりなどしていませんか。

誇大広告やフェイク画像といった大掛かりな仕掛けはしていないかもしれません。それでも、少しでも加工してしまった写真をアップして、それを見て魅力的だと思って訪れた観光客がいたとしたら、きっと彼らをがっかりさせてしまうでしょう。そういった顧客はもう二度と来ないかもしれません。

SNSをスタッフに任せて運用する場合でも、任せっきりにせず、ときにはチームで取り組み、また外部に委託するなどしてフォローしましょう。

組織全体でSNS戦略を立て、プロジェクトを組織で主導することが、スタッフの成長にもつながります。

効果のあるSNSの発信には、ターゲットに合わせたSNSプラットフォームの選定や情報の伝え方を検討していくことが大切です。

以下の表に各SNSの特徴や有効なターゲットなどをまとめました。SNS戦略を構築する際に、役立ててください。

各SNSの特徴や有効なターゲット

YouTube（ユーチューブ）	全世界ユーザー25億400万人の動画投稿型SNS。全世代で幅広く利用されている。現地での体験をリアルに伝える動画コンテンツが配信でき、体験イベントやユニークなアクティビティの魅力を与えるのに効果的
TikTok（ティックトック）	全世界ユーザー15億8200万人。スマートフォン向けの15秒から3分の短い動画投稿型SNS。Z世代と呼ばれる若年層に利用が多い。「YouTube」と同じような効果が期待できる。欧米の政府機関などを中心に使用禁止にしているところもある
Instagram（インスタグラム）	全世界ユーザー20億人の写真投稿型SNS。10代から40代まで幅広く利用されている。写真や動画がメインなので言語の壁を越えて、観光地の雰囲気やイベント体験の楽しさをアピールできる。またハッシュタグや位置情報などでより多くの人にリーチする工夫が可能
Facebook（フェイスブック）	全世界ユーザー30億6500万人。文章、写真、動画などが投稿できるSNS。SNSの中では比較的ユーザー年齢層が高い。体験の詳細や歴史的背景、ストーリー性のあるコンテンツの投稿に適している。メッセンジャー機能を使えば、ユーザーとの直接のやりとりが可能
WeChat（ウィチャット）	全世界ユーザー13億4300万人のチャットアプリ。ユーザーは中国人がメインのため、中国に向けて情報発信するのにおすすめ。中国でビジネスをする人はたいていインストールしており、私も中国でビジネスコミュニケーションをするときは、このSNSを使用
Weibo（ウェイボー）	全世界ユーザー5億9800万人の文章や画像、動画投稿型SNS。こちらもユーザーは中国人がメインのため、中国に向けて情報発信するのにおすすめ。ウェイボーは中国語でミニブログという意味、主に情報発信に使われている
WhatsApp（ワッツアップ）	全世界ユーザー20億人のメッセージアプリ。主にヨーロッパでよく使われている。チャットで相手と繋がったり、テキストや画像をアップして情報発信したりできる。私の欧米の友人はたいていこのアプリを使っている

出典：「Statista」

「WeChat」「WhatsApp」は日本ではあまりなじみがないＳＮＳです。活用するにはハードルを高く感じるかもしれませんが、あまり日本で使われていないからこそ、他社との差別化になります。ぜひ、この表を参考にして取り組んでみてください。

ただし詳細のＳＮＳ活用方法やマーケティング方法に関しては企業戦略とのマッチングを考慮したうえで専門家の支援を活用することも一つの方法として検討してください。

●おわりに

ここまで本書をお読みいただき、ありがとうございます。

インバウンドビジネスの可能性と課題を見つめ、そこに対応できる「インバウンドで稼げる人材」を育てるための考え方とノウハウをお伝えしてきました。インバウンドビジネスの拡大という大きな流れの中で、あなたがどんな活躍ができるのか、その可能性の一端を感じていただけたなら、これ以上の喜びはありません。

この本を書くにあたって、実に多くの方の協力と支えをいただきました。現場で奮闘する皆さまからの声、お仕事で関係する仲間からの助言、海外のビジネスパートナーからの激励など、どれも私にとってはかけがえのない学びでした。心から感謝申し上げます。

また、企画から出版まで、多大なサポートをしてくださった編集者の方々、スタッフの皆様にも深く感謝申し上げます。的確なアドバイスと温かい励ましのおかげで、思いを形にすることができました。

そして、常に新しいチャレンジを支えてくれている家族にも心から感謝しています。

本書に書いた内容は、あくまで「スタートライン」です。ここから先は、あなたが実際に行動し、経験を通じて自分のものにしていく番です。外国人観光客の目線で考え、感じ、動き、そして何より「チャレンジ」してください。一つひとつ小さな努力の積み重ねが、大きな成功を生みます。

私は、あなたからの「実践報告」を心待ちにしています。「あの時読んだSMARTが役に立った」「マインドセットの章で救われた」「売上が伸びた」といった声が届いたら、きっと私はにんまりと頷くでしょう。そしてそれが、私に新たな一歩を踏み出す勇気を与えてくれます。

この本は、〝読み終える〟ことがゴールではありません。
〝使い倒す〟ことに意味があります。
現場で、接客で、集客で、メールのやりとりで、どんどん実践してください。
あなたがグローバルビジネス環境の現場で活躍されることを、心より願っています。

グローバル仕事人Navigator　沢野純一

著者紹介
沢野 純一（さわの じゅんいち）**Junichi "Jay" Sawano**
大手電気メーカー、外資系エレクトロニクス企業でキャリアを積み、13年の海外駐在と25年以上にわたる海外ビジネスの第一線で活躍し売上げ倍増に貢献。数々のプロジェクト（50件以上）、顧客マネジメント（30社以上）、経営企画での実務、欧米中日4極でのビジネスネットワークを生かし、中堅・中小製造業向けに海外ビジネス事業支援を行う。グローバルコミュニケーションや仕事の進め方の成功エッセンスを体系化し、「グローバル仕事人実践講座」を主宰、実践的なグローバルリーダーの育成に尽力。米国フェニックス大学MBA（Global Management）、通関士、宅建士、BMIA認定コンサルタント、M&Aシニアエキスパート等の資格保有、異文化コミュニケーション学会会員。

ウェブサイトURL：https://global-excellence.biz/

問い合わせ先：jaysawano@global-excellence.biz

インバウンド対応の悩みをゼロにする グローバル人材育成の教科書

2025年4月28日　初版第一刷発行

著　者　　沢野 純一
発行者　　宮下 晴樹
発　行　　つた書房株式会社
〒101-0025　東京都千代田区神田佐久間町3-21-5　ヒガシカンダビル3F
TEL. 03（6868）4254
発　売　　株式会社三省堂書店/創英社
〒101-0051　東京都千代田区神田神保町1-1
TEL. 03（3291）2295
印刷／製本　株式会社丸井工文社

ISBN978-4-905084-91-4